课堂教学新样态丛书　**丛书主编　杨四耕**

课堂不是一个盒子

郑冬梅　著

华东师范大学出版社

图书在版编目(CIP)数据

课堂不是一个盒子/郑冬梅著. —上海:华东师范大学出版社,2018
(课堂教学新样态丛书)
ISBN 978-7-5675-8004-6

Ⅰ.①课… Ⅱ.①郑… Ⅲ.①小学语文课—教学研究 Ⅳ.①G623.202

中国版本图书馆 CIP 数据核字(2018)第 155344 号

课堂教学新样态丛书
课堂不是一个盒子

丛书主编 杨四耕
著　　者 郑冬梅
责任编辑 刘　佳
特约审读 周雨馨
责任校对 陈哲琰
装帧设计 卢晓红　刘怡霖

出版发行 华东师范大学出版社
社　　址 上海市中山北路 3663 号　邮编 200062
网　　址 www.ecnupress.com.cn
电　　话 021-60821666　行政传真 021-62572105
客服电话 021-62865537　门市(邮购)电话 021-62869887
地　　址 上海市中山北路 3663 号华东师范大学校内先锋路口
网　　店 http://hdsdcbs.tmall.com

印 刷 者 常熟高专印刷有限公司
开　　本 787×1092　16 开
印　　张 14.5
字　　数 189 千字
版　　次 2019 年 1 月第 1 版
印　　次 2019 年 1 月第 1 次
书　　号 ISBN 978-7-5675-8004-6/G·11295
定　　价 38.00 元

出 版 人 王　焰

写在前面　被重新定义的课堂

苏联教育家赞科夫在《教学与发展》一书中指出：课堂教学必须“使班上所有的学生都得到一般发展”。也就是说，课堂教学要引导学生在认知、情感、技能等方面发生整体改变，在思维方式、情感体验、思想境界、为人处世等维度发生实质性变化，课堂教学应释放出生命感、意义感、眷注感、智慧感、美妙感、意境感、期待感……

长久以来，我们的课堂特别重视知识传承，以致许多学生能从容应对考试，却在生活中显得无能。有一位德国专家说：“你们的教科书比我们的教科书厚，你们的题目比我们的题目难，但是你们得买我们的货。”这句话给我们的教育敲响了警钟，值得每一个人思考：请给知识注入生命，用经验激活知识，用智慧建构知识，用情感丰富知识，用心灵感悟知识，用想象拓展知识，让知识变得鲜活，让孩子们领悟到生命的伟岸！课堂教学是思想与思想的碰撞，是心灵与心灵的相遇，是生命与生命的对话，让我们用热情去拥抱课堂——课堂是眷注生命的地方。

我们必须清醒：如果把揭示人生的意义看作是认识论的任务，我们就永远不可能把这个意义揭示出来，因为知识的增长并不一定使生活变得完美。当认识、知识成了第一性的东西，情感和意志便成了奴仆。这样，一个人受的教育越多，他们的思想就越会被包裹在一层坚实的知识硬壳之中。其实，臻达人性完美需要“另一种”教学，这种教学与理解联姻，教学本身即理解，理解本身即教学。教学是生命意义的澄明，使人不断地自我超越，“不停地‘进入生活’，不停地变成一个人”。说白了，课堂里蕴涵着“人是什么”的答案。因此，在一般意义上，教学即对理解的自觉追求；在终极意义上，教学即理解。它们共同揭示了一个深刻的道理——课堂是善解人意的地方。

俄国教育学家乌申斯基曾经说过：“教育的主要目的在于使学生获得幸福，不能为了任何不相干的利益牺牲这种幸福。”诺丁斯也提过:“好教育就应该极大地促进个人和集体的幸福。”课堂教学是师生双边活动,没有教师幸福地教,也就没有学生幸福地学。当老师和学生积极参与到课堂教学之中,让生命释放意义感,他们就能在丰富多彩的教学活动中成长,获得生命意义上的幸福感。幸福是人类的永恒情结,课堂教学不仅应给人高品位的精神生活,而且应给人高品位的幸福体验。从一定意义上说,课堂是守望幸福的地方。人的一生能否过得幸福,很大程度上取决于他今天在课堂生活中能否获得幸福。这或许就是课堂教学的深刻意义所在。

我们的课堂善用纪律规范行为,用训练规约思想,却漠视人的情感与独特感受,课堂因此没有了盎然的生气。课堂理应是春暖花开的地方,宁静,安全,温馨,轻松。在这里,有家的感觉,不用担心“万一说错了怎么办”,孩子们敢于说“我有不同的想法”、“老师,你讲错了”;在这里,孩子们不怕“露怯”,不怕“幼稚”,能道出困惑,能露出观点,能形成质疑;在这里,有诗情画意,有奇思妙想,有思维碰撞,有情景,有灵气,课堂因此有了一种奇妙的意境感。

课堂也是为放飞梦想而存在的。孩子们充满想象,面对这个世界,他们无拘无束,内心有太多美好的期待。他们渴望走向社会,走进自然。课堂是广袤的天地,上下五千年,纵横数万里,任你穿越。课堂中心、书本中心、教师中心,多么不堪一击!课堂教学要回归曾经远离了的生活世界,穿越时间隧道,把过去、现在、未来浓缩在一起,跨越空间的界碑,让孩子们享受人类文明的成果。由此,课堂是凝视梦想的地方,这里有未来,有远方,有充满张力的诗……

怀特海说:“教育的目的只有一个主题,那就是五彩缤纷的生活。但我们没有向学生展现生活这个独特的统一体,而是教他们代数、几何、科学、历史,却毫无结果……以上这些能说代表了生活吗?充其量只能说那不过是一个神在考虑创造世界时他脑海中飞快浏览的一个目录表,那时他还没有决定如何将他们合为一体。”怀特海的观点是令人深思的:知识并不代表生活,生活需要智慧。很多时候,课堂与知识无关;课堂是一种态度、一种生活。有什么样的态度,就有什么样的生活。课堂教学的核心意义在于传递生活态度,让孩子们彻底明白:生命的厚度在于拥有静谧的时光,让心灵溢满宁静与幸福。这样,提高课堂教学有效性,就不再是让课堂的每一分钟都压得学生“喘不过气来”。无论如何，我们应该懂得，课堂是一个酝酿牵挂的地方。

派纳在《健全、疯狂与学校》一文的结语中说：“我们毕业了，拿到了证书却没有清醒的头脑，知识渊博却只拥有人类可能性的碎片。”这多么令人深思啊！当人的需要、价值、情感被淹没在单纯的知识目标之中，生命感在这里便荡然无存。将课堂教学视为纯粹的认识活动，片面发展人的认识能力，看不到人的整体“形象”，特别是作为“在场的人”的“整体形象”被抽象；放眼世界，人之精神远遁，迷失于庞大的“静止结构”，这便是“教学认识论”的“悲剧范畴”。其实，课堂是一个意义时空，教学即谈心，学习即交心。当我们真正把学生看作活生生的人，就会发现：原来，课堂是点亮心灵的地方。

课堂教学是富含智慧和艺术的活动。只有把教师的主导性和学生的主动性都激发出来，才能算作真正的课堂教学。说白了，课堂是智慧碰撞的地方。课堂教学要善于抓住转瞬即逝的思维亮点，促成智性的提升和灵性的妙悟。如何围绕教学目标，理清教学思路，选用教学方法，驾驭教学机制，促进孩子们智性跃迁与灵性发展？如果我们只是单纯地传授知识，教师拼命讲，学生认真听，被动地接受，长此以往，学生的大脑便会“格式化”，发展便得不到真正的保障，他们只能在大脑中形成直线型知识反馈通路，无法呈现富有生命情愫的、饱满的人的形象！

对于课堂，我们可以有无穷的定义。一位哲人曾经说过“一种文化首先意味着一种眼光”，“眼光不同，对所有事情的理解就不同”。当课堂被重新定义的时候，当我们真切地回归课堂教学人文立场的时候，检视课堂教学的“眼光”便有了新的角度，课堂教学便有了新的样态。

杨四耕

2017 年 9 月 1 日于上海市教育科学研究院

宽语文教育，依托宽泛的语文课程，宽裕的阅读资源，宽畅的表达渠道，宽舒的育人环境，宽松的学习氛围，培养宽胸襟、宽视野、宽思维、宽能力的一代新人。

崔峦 2018.4.18.

目录

教室是一个盒子，课堂却不是一个盒子。课堂应该是开放的，无限伸展的，广袤无垠的空间。心有多宽，世界就有多大，课堂也就有多大。想象有多丰富，有多美妙，课堂就有多丰富，有多辽远。教室因为受限于墙壁而变成一个盒子，课堂却打破了教室墙壁的限制和封锁，师生大脑和心灵的自由解放、天马行空、奇思妙想，拓宽了课堂空间。

课堂应该是激扬生命的长空，在这个高远而浩渺的长空里，每一个生命都是安全的、自由的，充分舒展的、蓬勃生长的；课堂应该是奔腾不息的江河，生命的乐章生生不息，渊源流传；课堂应该是波涛汹涌的大海，思维迸射，观点交锋，激起万丈浪花。这就是宽语文教育的课堂，每一个生命都充分得到解放，心灵放飞，想象飞扬，灵性激越，个性彰显，学习力得以充分发挥。

课堂不是窄小而平面的空间，而是宽广的、立体的，富有弹性和张力的舞台，任意每一个生命自由自在，尽心、尽情、尽兴地舞蹈。课堂里的每一个生命都是课程资源。宽语文打破一本教科书的神话，打破学科壁垒，加强语文与大自然、与社会、与家庭、与各学科之间的联系，建设“开放而有活力”的语文课程，努力打造“开放、整合、灵动、创新”的语文课堂。

课堂应该是书香飘逸的地方，是文化温润的存在。真正的阅读应该是一种心灵的旅行，你可以足不出户，却可以欣赏到五彩缤纷的美景，使心情愉悦，赏心悦目、心旷神怡;也是与智者的一次对话,是精神生命的养育过程。阅读虽然不能改变生命的长度,却能改变生命的宽度和高度。

第五章 课堂,童心的居所 / 157

课堂不是工厂,而是师生生命共生共长的原野,是童心飞扬的温馨居所。心灵的约束和桎梏会使儿童窒息,心灵不能呼吸,生命就无法舒展,培育出来的就只能是没有生命的产品。儿童教育就要呵护童心,激发童趣,保卫童真,培植童趣,宽容童言。因此,我们主张解放儿童,破解童心密码,激扬童心,让童心在课堂里自由放飞。

第六章 课堂,多彩的画卷 / 185

课堂就像一幅多姿多彩的画卷。课堂蕴含着丰富多彩的内容,书香四溢,博大精深,还蕴含着多姿多彩的活动,表现多元,活泼灵动,深藏着浓厚的艺术价值。宽语文设计多姿多彩的语文综合性学习活动,激越课堂,激发学生的兴趣,让每一个学生都积

前 言

“宽语文”宣言

“宽语文”教育的前身是全国教育科学“十一五”规划重点课题《开放的语文教育的研究与实践》。笔者研究了二十多年“开放的语文”教育，积累了许多理论和经验。“宽语文”教育的提出，是对“开放的语文”教育理论和实践精髓的传承和提升。

“宽语文”教育是相对于封闭、狭窄的语文教育而提出的具有“开放、整合、灵动、创新”等特点的语文教育。“宽语文”教育着眼于学生的“主动、健康、和谐”发展，立足于广阔的时代生活背景，根植人文性与工具性有机统一的沃土，回归自然天成的生长式教育本真，努力搭建“阅读与生活”两大支柱，加强语文与大自然、与社会生活、与各学科之间的联系，采取内容的宽广，形式的宽容，环境的宽松等策略、方法，实施“宽严有度”、“放收有序”的“宽语文”教育，用生命的活力催生语文学习的张力，全面落实语文素养教育，发挥语文教育为学生终生奠基的功能作用。

一、宽远的目标

“宽语文”从人的全面健康发展定位语文教育，建立宏观的大语文教育观，为人的可持续发展服务，为学生终身发展奠基。实施生活化、生命化、生长式教育，不拘泥于琐碎的知识和纯粹的技能，把语文学习放在鲜活的生命生活现场，让语文知识和技能带着生命的体温，充分关注学生习得知识和技能的过程和方法，以及学生独特的感受、体验和领悟，关注学生健康的情感、态度和价值观的形成，最终落实到人文性与工具性的统一，让语文素养生成在鲜活的生命体内，成为浸润生命的人文元素，全面提高学生的语文素养和语文综合实践能力，达成“以人为本，人文共进，和谐发展”的语文教育追求。

二、宽裕的时空

生活即教育，陶行知说："生活教育是生活所原有，生活所自营，生活所必须的教育。教育的根本意义是生活之变化，生活无时不变，即生活无时不含有教育的意义。""宽语文"教育不剥离学生的生活，以生活、生命的空间定义其教育的"长、宽、高"，遵循儿童的生长规律和语文学习规律，立足广阔的生活背景和儿童的经验世界，放大语文教育的时间和空间，坚持"生活即语文"、"时时处处是语文"的教育理念，在开放的时空里，随时随地实施语文教育，让语文教育与大自然、与社会生活、与各个学科有机整合，加强课内外、校内外和学科之间的联系，使语文教育无处不在，无时不有，顺应天机，顺势而为，自然天成。

三、宽广的内容

建设"开放而有活力"的"宽语文"资源。杜绝语文教学等于语文教育，教科书等于语文教学的狭窄的语文教育观，打破学科壁垒，加强学科内外、课内外、校内外的联系，加强课堂"小语文"教学与社会"大语文"教育的融合，树立大语文课程观，努力开发和建设适合儿童成长规律和教育发展规律的"开放而有活力"的"宽语文"课程，突出语文课程的开放性、实践性和社会应用性。例如乡土文化课程、生活通识课程、童语（童谣、童诗、童话）课程、心语课程、生本定制课程等，尤其是生本定制课程，重点通过对个案的追踪研究，让每一个生命找到合适自己的语文学习和生长的方式，让每一个生命健康快乐地成长。通过"宽语文"课程资源的开发和建设，回应多元生活空间和个性化学习需求，为实现语文教育与学生生活的无缝对接创造充分的条件，放大语文学习的效能。

开发"丰润而慧美"的"宽阅读"。阅读是学好语文的基础，"宽语文"教育打破一本教科书的局限，把课外阅读与课内阅读，课外书和课本有机整合，设计"1+1读写结合"、"1+3拓展阅读"、"主题群文阅读"、"全书阅读"等四种"宽阅读"的课型，实施语文教材的开放，开展一篇带多篇，一本带多本，精读、略读、浏览相结合的“宽语文”阅读策略研究，把国学经典、儿童诗歌、儿童文学、绘本、影视、歌曲等文学形式与教材有机整合，充分调动学生的所有感官参与语文学习，汲取民族文化的精髓，提高学生的阅读理解能力，感悟鉴赏能力和创新批判能力，提高阅读品质和语文综合实践能力。

打造“开放、整合、灵动、创新”的“宽语文”课堂。“宽语文”课堂坚持以生为本，开放心灵，激发思维，激扬生命的宗旨，实施语文学习主体的开放，转变教与学方式，激发学生学习语文的兴趣，充分发挥学生的主体作用，让学生成为语文学习的主人，加强语文教学与学生学习、生活世界及其经验世界的联系，关注学生对语文学习的独特感受和体验，提高学生的听说读写能力和批评性思维、创造性思维的品质，提升学生的语文核心素养。

四、宽容的形式

落实因材施教、因势利导的“宽语文”教学形式。教无定法，贵在得法。“宽语文”教育没有固定的模式，更多的是基于“以人为本、人文共进、和谐发展”的人的终身培养目标，根据学情和教材、阅读资料、生活资源等元素，有效筛选，有机整合，因地制宜，因材施教，将“生本、师本和文本”高度辩证统一，创造性地见缝插针，见机行事，有效开发和创造性地设计各种适合自己学生的语文课型。虽然没有固定的模式，但是却有基本的规律、章法和流程。“宽语文”教育从“语言”、“文字”、“文学”和“文化”四个层面，根据语文教学识字、阅读、口语交际、习作和综合性学习五大板块的教学目标和要求，设计宽识字、宽阅读、宽交际、宽习作和宽语文综合性学习五大教学板块。在每一种板块的教学过程中，我们始终坚持“自学质疑——问题引导——实践演练——合作探究——交往提升——小结拓展——综合创作”七步教学流程，分别有“自读品悟、导读导练、合作交流、读写演练、拓展提升、创意设计、专题展演”七种课型。

实施“多元而富有激励性”的“宽语文”评价。“宽语文”评价坚持多元性、激励性，开展宽松、民主、宽容而多元激励性的评价机制研究。不仅注重量化评价，更注重质性评价；不仅注重物质评价，更注重精神评价，尤其是心灵的励志；不仅注重客体的评价，更注重主体的自我评价，努力建设学生强大的内省力和强大的内心世界。

五、宽松的环境

心灵只有在自由、民主、宽松、安全的环境和氛围里才能充分舒展，思维也只有在这样的环境和氛围里才能充分发散，富有思辨力和创造力。生命也只有在这样的环境和氛围里才能充分生长、润泽，富有张力。因此，民主、宽松的教育教学环境是实施高效教育的前提条件和沃土。“宽语文”教育通过精心创设民主、宽松的教育环境，使学生浸润在轻松愉快的学习实践和探索的氛围里，身体放松，心灵放飞，思维活跃，敢于质疑，勇于创造。“宽语文教育”通过“六大解放”去解放学生的创造力，发展他们的综合素养，即解放学生的头脑，让他们去思考，去想象；解放学生的双手，让他们去实践，去创造；解放学生的眼睛，让他们去观察，去发现；解放学生的嘴巴，让他们去表达，去沟通；解放学生的空间，让他们去探寻，去体悟；解放学生的时间，让他们去玩乐，去创造。

六、宽厚的文化情怀

新课程标准明确指出，语文是“人类文化的重要组成部分”，“对于弘扬民族优秀文化和吸收人类进步文化，提高国民素质都具有重要意义”。文以载道，语文是文化的载体，我们要充分挖掘文本中的文化元素，引导学生吸纳民族文化的精髓，并受到民族经典文化的熏陶和感染，培养民族自豪感和爱国情怀。与此同时，引导学生尊重和包容世界文化的多元性，培养海纳百川的宽厚的文化情怀、正确的价值感、高尚的人生观、高雅的审美趣味和坚毅的创新精神。

教育的最终目的就是为社会培养有文化的、合格的公民，因此，培养学生的文化素养和文化情怀应该成为语文教学的重要价值取向。“宽语文”教育坚持工具性和人文性的统一，不仅注重语言文字的训练，注重学生听说读写能力的培养，尤其是听说读写能力培养过程中审辩性思维和创造性思维的培养；不仅重视字词句篇等知识的习得，更重视智慧的启迪，还注重语文的人文性功能，注重学生在语文学习过程中宽厚的文化情怀的培养，文化的熏陶和审美的感染。

七、宽邃的思想智慧

知识可以传授，但是智慧是无法传授的。在语文教育过程中，我们往往过分强调知识和技能的把握，而忽略了健康的情感、态度、价值观的培养，尤其是独特的思想和聪睿的智慧的启迪和形成。学生学习语文知识常常靠记忆力，死记硬背的堆砌，技能的掌握往往靠在老师的指挥下的反复模仿和操练，而很少有敏锐的思考力，独特的思辨力，独到见解和精辟的思想，以及大胆的独创精神，宽邃的智慧和坚毅的意志。“宽语文”教育强调“先学后教，以学定教，同伴学习”、“做中学，玩中学”，注重培养学生在语文学习实践中探索、质疑、审辩、创新，举一反三、触类旁通、归纳提升、发明创造、独辟蹊径，在习得知识的同时，生长智慧，展现生命生长式教育本真。

总之，“宽语文”教育始终以人为本，以学生的主动、健康、和谐发展为本，为每一个生命的终身发展奠基。宽松的环境和氛围让生命得到伸展；宽广的内容让生命得以丰富；宽容的形式让生命得以鲜活而充满个性；宽厚的文化情怀让生命得以丰实而饱满；宽邃的思想精神让生命熠熠生辉。

第一章　课堂，生命的旷野

教室是一个盒子，课堂却不是一个盒子。课堂应该是开放的，无限伸展的，广袤无垠的空间。心有多宽，世界就有多大，课堂也就有多大。想象有多丰富，有多美妙，课堂就有多丰富，有多辽远。教室因为受限于墙壁而变成一个盒子，课堂却打破了教室墙壁的限制和封锁，师生大脑和心灵的自由解放、天马行空、奇思妙想，拓宽了课堂空间。

一、课堂不是一个盒子

我们的教室一般情况下是长约 8 米，宽约 6 米，高约 3.5 米的一个长方体，面积约 50 平方米。远远望过去就像一个长方体的盒子。在这个盒子里，有一块长方形的黑板，有一张三尺讲台，还有五、六十张摆放整齐的课桌椅。老师和孩子们每天都会在这样的盒子教室里上课六个多小时，甚至更长一些。在这个盒子教室里，我们已经习惯了前苏联凯洛夫的“三中心”即以“教师、课堂教学和教科书”为中心的教育理论以及他所主张的教学五环节。这种旧的“三中心”理论，把语文教育等同于语文教学，把语文教学等同于课堂(教室)教学，把课堂教学等同于教教材。学生们在这个长方体的盒子教室里，在教师的主导下，学习课本上的知识。一个学期五个月，就学习一本语文教科书，学生和老师除了每个学期的春游和秋游之外，几乎每一节课都在长方体的盒子教室里进行。在这个盒子教室里，老师们不敢越雷池一步，孜孜不倦地备课，钻研教材，然后循循善诱、苦口婆心地给学生讲课，传授知识，字、词、句、篇，语法、修辞，内容、思想和写作特色等都分析得非常透彻，学生在接受的基础上，要理解和记忆。在这个授课的过程中，教师生怕哪些知识漏讲了，或者没有讲透，导致学生不理解或者少学了。在这个盒子教室里，学生们还要正襟危坐，或者双手交叉在背后，或者双手平放在桌子上，非常专注地听教师讲课，不能分心，不能走神，不能溜号。长此以往，学生习惯了听讲、记录、记忆和重复、模仿。当然，学习是需要记忆和模仿的，但是更需要质疑和创新。教师和学生长期被禁锢在盒子教室里，教师越教越笨，学生越学越傻。

教室是一个盒子，课堂却不是一个盒子。课堂应该是开放的、无限伸展的、广袤无垠的空间。心有多宽，世界就有多大，课堂也就有多大。想象有多丰富，有多美妙，课堂就有多丰富，有多辽远。教室因为受限于墙壁而变成一个盒子，课堂却打破了教室墙壁的限制和封锁。由于教学资源的丰富、信息的多元，以及课堂上师生大脑和心灵的自由解放、天马行空、奇思妙想，拓宽了课堂的物理空间，打破了学科的壁垒，加强了学科之间的联系和整合，踏上了信息高速路，与多媒体现代技术接驳，实现了“互联网＋”的现代教育课堂模式。

二、课堂是生命成长的旷野

课堂不是一个盒子，而是师生生命成长的旷野。“宽语文”课堂加强课内外、校内外的密切联系，形成家校合力；加强语文与大自然、与社会生活、与各学科的联系与整合。坚持大语文教育观，时时处处是语文，有形的课堂，无形的课堂，大自然课堂、家庭课堂、社会课堂、综合课堂，没有清规戒律，只有随时随处，随境随心，即兴生成的生命课堂、生活课堂、生态课堂，始终追求“以人为本、人文共进、和谐发展”的目标，以师生生命“主动、健康和谐”发展为宗旨，提升师生的语文综合素养。这是“有人”的，有生命气息和生命律动，看得见生命到场，生命茁壮生长的宽语文课堂。

“宽语文”课堂是师生共同学习，共同成长的，开放、整合、灵动而创新的大学堂。“宽语文”课堂是师生互动，生生互动，交流碰撞，思想交锋，灵动生成，生命蓬勃生长的大舞台。在“宽语文”的课堂里，每一个生命都如此阳光活力，蓬勃向上，以自己独特的生命姿态，在辽阔的旷野上绽放，以适合自己的方式，展示独一无二的生命意义。

（一）走进广袤的自然课堂

大自然广袤无垠、包罗万象、神秘莫测、无奇不有。大自然是个取之不尽用之不竭的天然大宝库。整个世界，整个大自然都是课堂。走进广袤的大自然课堂，去感受物种的奇异多样，去领略自然的鬼斧神工、美妙景致，去体验四季的变换神奇。大自然是一本宏大而深邃的无字的“活”书。陶行知有一首白话诗，诗的第一句说：“宇宙为学校,自然是吾师。众生皆同学,书呆不在兹。”意思就是说,整个宇宙,整个自然都是学校,把学校与大自然、与社会联系起来,整合起来,开放课堂的空间,让课堂无限延伸,无限放大。一切的众生都是我们的同学,我们的交流面就拓宽了,研究和切磋的同学就更多了,学问也因此广博了,老师也不少了。(《陶行知全集》第3卷,四川教育出版社2005年,第487页)大自然是最好的老师。大自然中的一草一木,一山一水,一花一石……都以自己独特的生命姿态存在于世界上,无不蕴含着丰富的内涵和神秘的生命密码,每一个生灵都值得我们用心去观察、感受、体验,它们都会赋予我们无穷无尽的启示。苏霍姆林斯基说:“我认为有巨大教育意义的一点,就是使孩子能看到、理解、感受到去唤醒大自然中的生命是一个伟大的秘密。第一批春天花朵的开放,幼芽的萌发,第一批嫩草破土,第一只蝴蝶飞舞,第一声蛙叫,第一只春燕飞来,第一声春雷,麻雀第一次春浴,这一切我都当做永恒生命的美展现在孩子们面前。他们受到这种美的感染越深刻,去创造美的欲望就越强烈。”教育的意义不仅在于汲取知识的营养,也不仅在于感受美,更重要的是创造美。因此,我们要拓宽课堂的物理空间,让学生走进大自然,解放学生的双手、双脚、大脑和心灵,让他们尽情地沐浴在大自然中,了解一切生灵的生命样态,对物种进行辨认和分类,调动所有的感官,自由而充分地感受大自然的灵气和灵性,体验大自然生灵生存的法则,探索大自然的奥秘。

高山、大海、草原、沙漠……在不同元素,不同场景的自然大课堂里,孩子们沉浸其间,调动各种感官去观察、去感受、去体验、去思考、去想象……激发好奇心,增强想象力和创造力。梭罗说过:“心灵与自然相结合才能产生智慧,才能产生想象力。”牛顿从小就喜欢在野外奔跑玩耍,在大自然中自由自在、无拘无束地与各种各样的自然事物相接触,在大自然中学习,后来从苹果落地砸到自己的头这件事中,引发思考,并发现了万有引力定律。少年时期的达尔文也是整天在大自然中玩耍,观察大自然中的昆虫,对昆虫产生了浓厚的兴趣,最后,他终于成为一位伟大的生物学家。大自然是一本无字的书,在大自然里学习活生生的事物,激发学生学习的兴趣和想象力,同时接触大自然,还会增强学生的野外生存能力。

大海是生命的摇篮。大海是瞬息万变、喜怒无常的,时而波涛汹涌、逐浪排空,时而平静温柔、低吟浅唱。面对大海,可以令人百感交集,思绪万千。面对狂涛巨浪,会让人感到大海的凶险和威严，不禁胆战心惊、畏惧颤抖；面对蔚蓝而平静的大海，涛声如琴，会让人感到温柔和多情，让人不禁心旷神怡、遐想连篇。大海永远是神秘莫测、变化无常的，就像人生，沧海桑田，人生无常。海纳百川、上善若水，大海生生不息，永远令人神往，给人启迪，让人畅想，催人探索。

开发大海课堂是我在青岛“老人海”边的突发奇想。为什么突然间有这样的想法和念头？那是因为在学校兼职心理老师的岗位上，了解到一些多动症、自闭症和学习困难的学生的真实情况，他们的茫然和无助，以及老师、家长的困顿、焦虑和无奈。这些孩子在平行班里生活和学习，他们会经常出现这样那样的问题，学习成绩永远都没有办法超越其他孩子，甚至永远是不及格，拖班级的平均分和优秀率、及格率。在学校的评价还是相对比较单一，主要以“一分两率”来衡量老师的能力的教育评价现实中，老师的焦躁和抑郁是不少见的。今年暑假，在湖北武穴参加第二届全国教育公益行走活动，就有一位老师听了朱永通老师的讲座之后，用十分钟提出一个问题：我该如何面对领导和老师对我的评价。与其说这位老师在提问题，不如说她在陈述，在倾诉。她给与会的四百多位教师倾诉了自己真实的教育经历和苦闷。她是一位年级组长，每个学期末，她班上的语文平均分、优秀率和及格率都是第一名，自从来了两位学习困难的孩子，她班上本学期的语文平均分就降到第二名，比第一名少了 1.5 分。于是，领导就严厉批评了她，而且还说年级组长班上的平均分就是不能比别的班低。为此她很焦虑，很郁闷，不知道该怎么办。十年树木，百年树人。弱势的学习困难的孩子，要提高他们的成绩，不是一时半会儿的事儿，更不能立竿见影，只有耐心陪伴和期待，静待花开，别无他法。如果一味地责备和逼迫，甚至是训斥和辱骂，换来的只能是孩子心灵的阴影甚至是扭曲，让孩子整个童年都沉浸在阴暗、自卑和气馁之中，这样对他们是极其不公平的。因为每一个生命都享有被尊重的权利，不能因为他们学习成绩暂时比别人差而受到歧视和嘲笑，这样对他们的心理健康和人格成长都会有负面的影响。我们的教育评价体制，当然不能不看分数，但是也不能只看分数，唯分数论，一切以分数为标准，以分数来衡量老师和学生的能力和素养。有一种病态叫做负面情绪的传染，那是非常可怕的。一个多动症的孩子，无意识地侵犯了好几个孩子，会像导火线引爆一样，把负面的气愤和恼怒带给被侵犯的所有孩子、家长还有老师。如果没有正确疏散和调解，这种负面影响将继续蔓延，这个孩子将引起全班同学的公愤，孩子和家长们会情不自禁地孤立这个孩子，没有人愿意跟这个孩子玩。曾经有一个自闭症的小女孩，一年级，不会说话，但是能听懂别人说话，也能看懂别人的表情，天天由妈妈陪伴着在课堂里听课，可是没有听几分钟就坐不住了，满教室跑，影响老师和孩子们上课。妈妈只能把她带到校医室看书，最后还是到特殊学校上学去了。每当看到这样的孩子，我心里就像刀割一样难受，总想帮助他们，但是往往作用不是很大。于是，我总在幻想，有没有一种课堂就是大自然，就是旷野。大自然是最好的老师。我们能不能让这样的孩子经常到大自然中去，到草原上奔跑，到大海中冲浪，去荡涤，去驰骋，让大自然赋予孩子更多的灵性和天赋。大自然中所有的生命都会说话，大自然的语言是神奇而伟大的，你听，风儿在唱，鸟儿在闹，浪花在笑……没有说教，只有熏陶和启迪，春风化雨，润物无声，自然天成。

记得那是今年暑假的事儿了，一个人到青岛去看海，久违的海，让人心动的海！

冒着蒙蒙细雨，任细雨凉丝丝地、轻轻地飘洒在脸上，很惬意。脱掉鞋子，撒开腿，奔向海边，脚踩着软绵绵的沙滩，心也变得好柔软。沙滩上有许多鲜绿的青苔，一团团、一缕缕，似棉、似丝，随着浪痕，自然形成各种图案，千姿百态，巧夺天工，在沙滩上留下各种美丽的倩影。涨潮啦，海水好凉好凉。海浪一阵一阵地冲向岸边，一朵朵浪花笑着，跳着，嬉戏着，追赶着每一个人。一个大浪冲来，海水往大腿上窜，凉丝丝的，钻心的凉，有一种悸动，有一种诱惑，还有一种狂妄，百感交集，灵魂呼之欲出。感受着海浪的抚摸，海浪的冲击和海浪的诱惑，每一个细胞都兴奋了，跃动了。心是悬吊起来的，好像插上了翅膀，想狂奔，就像野马一样，在辽阔的草原上，在无垠的大海里驰骋……

望着波涛汹涌的大海，思绪万千，想到《观潮》里的千军万马；想到为何让孩子们坐在教室里上课，为何不把孩子带到海边来上课；想到海洋课程资源的开发和大海课堂；还想到让自闭症、多动症的孩子，亲近大自然，亲近大海，让海水任意冲刷、荡涤、抚慰，让孩子和大海零距离接触，也许浪花、大自然才是最好的老师。那是一种无言而和谐的教育，不用言语，而用感触，参与实践，触动唤醒的教育。最好的教育难道不是心和灵的唤醒吗？心灵的唤醒，灵魂的唤醒，意识的唤醒，思想的、观念的唤醒。有一种豁达、豁然开朗的感觉，有一种顿悟大自然教育的真谛。

远处的大海在雨雾中迷迷蒙蒙，没有边界，如此的辽阔。近处的高楼和树木都被浓雾笼罩着，看不清真实的模样。沙滩上的人，尤其是孩子，如此自由、兴奋、奔放。他们在跳浪，嬉戏、玩水，淘沙……脸上洋溢着天真无邪、浪漫而动心的、灿烂的笑容。哪个游乐场比大自然更能让孩子快乐狂欢呢？

看完“老人海”的标志之后，我还是依依不舍地又回到沙滩上。仔细看看，海浪把青苔推到海岸上，然后悄悄地退去，沙滩上留下了浪花的足迹。那些纹理是如此的精妙，就像绝无仅有的艺术品。大自然是魔术师，是巧匠，巧夺天工。在大自然中，在天地间，在大海里去发现美，去感受美。动情，是一种情不自禁的动情。什么样的文章最好写？情书最好写！什么样的感情最真挚？情不自禁的动情。突然明白，小鱼儿为啥那么喜欢大海？因为大海赋予它生命，赋予它灵性，更赋予它自由和快乐。人也一样，需要生命、灵性、自由和快乐。人追求的终极目标是心灵的解放和自由。

在海边奔跑，在人生的道路上奔跑。奔跑于大自然之间，还需要搜肠刮肚地去搜集好词、好句吗？大自然是一本无字的书，它会赋予你无穷的灵感、灵性和创意。最好的教育就是在天地间，以大自然和社会为沃土，让孩子们去发现美，感受美，创造美；去觉知、顿悟、明理。这应该就是最好的教育吧！

深圳是一个美丽而现代的滨海城市，有红树林公园、深圳湾公园、大小梅沙、华侨城湿地公园、福田红树林生态公园，还有笔架山、莲花山、梧桐山、凤凰山、螳螂山、南山、仙湖植物园等数百个公园。我们充分利用这些公园的自然和人文景观，开发课程资源，每个周六日都布置一些走进公园，亲近大自然，观察、探索的综合性学习任务。例如，在学习课文《触摸春天》之前，布置学生到大自然中去找春天，到公园里或者郊外，看一看绚烂多姿的春天美景，闻一闻百花的芬芳，听一听小鸟的欢唱，春风的呢喃，用心和灵性去触摸花草树木，跟小动物们一起欢悦，感受春天的气息，体验春天的脉搏和律动。孩子们还拍了照片，把美丽的心情和难忘的瞬间都锁定在镜头里，也珍藏在心里。之后，孩子们还把自己在大自然找春天的所见、所闻、所思、所感都记录下来。在阅读、学习《触摸春天》一课时，孩子们就可以结合自己的观察和生活经历去理解和感悟文本的内涵，盲姑娘和作者的真实情感。这样可以把文本和大自然以及学生的生活经验有机地整合到一起，拓宽了语文学习的空间，把语文学习，课堂教学放到大自然中去，让学生带着生命的温度去感受自然，感受世界，去习得知识，受到启发，提升生命的品质。

（二）走进温馨的家庭课堂

家长是孩子的第一任老师，也是孩子永远的老师。家庭教育是人生整个教育的基础和起点。家庭教育应该是为孩子“量身定制”的个性化的教育服务，是孩子心灵成长的催化剂，也是孩子健康心理和人格形成的沃土。家庭文化背景、家族历史、家庭成员的习惯、习气、风格等，也就是家风、家规、家训等都直接影响孩子的教育。学校教育、家庭教育和社会教育必须和谐统一，形成合力，才能发挥最大的教育效能。

家永远是人生最温馨的港湾，是避风和疗伤的最好场所，是人生漂泊之后安全可靠的岸。古诗句“复恐匆匆说不尽，行人临发又开封”、“烽火连三月，家书抵万金”写出了游子和征战的战士，对家、对亲人的深深思念。一封家书对他们来说是多么的珍贵啊！歌德说：“无论是国王还是农夫，家庭和睦是最幸福的。”罗伯特说：“无论何时何地，家永远是向游子敞开大门的地方。”华盛顿说：“让孩子感到家庭是世界上最幸福的地方，这是以往有涵养的大人明智的做法。这种美妙的家庭情感，在我看来，和大人赠给孩子们的那些最精致的礼物一样珍贵。”

老舍曾在《我的母亲》一文中写道：“从私塾到小学，到中学，我经历了起码有几十位老师，但是，我真正的老师，把性格传给我的，是我的母亲。母亲并不识字，她给我的是生命的教育。”好的家风，是父母留给孩子巨大的财富，是比金钱、物质和知识更为重要的东西，是一个家庭长期积淀下来的人文底蕴。

1. 在温馨和谐的家庭氛围中感受爱

爱是人类永恒的话题，爱是最好的教育。温馨和谐的家庭氛围是滋生爱的温床，是孩子生命教育的沃土，对他们的身心健康和良好性格、品行的形成起着重要的作用。许多年轻的家长并没有意识到平等宽松的家庭氛围对孩子产生的影响，一味由着自己的性子来，不懂得好好说话，不懂得彼此尊重，在孩子面前不注意自己的形象、语言和行为。例如，有的家长负面的情绪很多，在家里随意对孩子发脾气，打骂孩子，整日鸡犬不宁；有的家长从来不读书，还把朋友邀约到家里喝酒、打牌，说话粗俗而放肆，甚至让孩子跟着一起喝酒；有的家长每天追电视剧，毫不顾忌对孩子的影响；有的家长只顾自己玩电脑游戏或者玩手机，刷朋友圈，孩子有不懂的问题也无暇顾及；还有的家长居然毫无顾忌地在孩子的面前争吵，根本不顾及孩子的感受。曾经有班主任带一个二年级的小男孩到我的心理室，说孩子想跳楼，我问孩子原因，他说就要气死他的那个同桌，因为同桌说他的门牙太大了。他还说，爸爸和妈妈吵架的时候，妈妈就是这样说的："我要跳楼！我要气死你！"结果爸爸就害怕了。有样学样，父母就是孩子的榜样，孩子就是父母的镜子。还有一些强势霸权的家长，经常对孩子耳提面命，实施语言暴力，孩子只要考试没有考好，还会对孩子大打出手。孩子们在这样嘈杂、紧张、充满火药味的家庭氛围里生长，长此以往对孩子的身心健康非常不利，还会造成孩子暴躁、怯懦、散漫、焦虑、忧郁等性格，没有安全感。

父母恩爱就是家庭的福气，就是孩子的幸福。当今社会，经济飞速发展，人们追求经济上的富足，物质上的享受，婚姻上的自由等越来越强烈，孩子们从小就知道要好好读书，长大了挣钱，买豪宅、买豪车，没有树立以高尚的精神追求为根基的三观。那是因为他们的父母没有做好追求高尚的精神情趣和自我价值实现的榜样，没有带头构建温馨和谐、平等宽松的家庭氛围，没有把家里的精神生活弄得丰富、书香、高雅、充实。孩子在家庭里感受不到爱，感受不到尊重和平等。

家庭是孩子教育的大染缸，对孩子起着潜移默化的教育作用。因此，我们非常注重营造温馨和谐的家庭氛围，组织家长们开展"好好说话"活动，提倡爸爸爱妈妈，妈妈爱奶奶，互相尊重，好好说话，家里一团和气，每个家庭成员都互敬互爱，让孩子浸泡在浓郁的爱中幸福成长。另外，我们还定期家访，组织家庭"和谐文化"建设评比活动，每周都要评选出三个"文明家庭"，三个"幸福孩子"，评选的主要指标有"家庭书香文化"、"家庭教养文化"、"家庭艺术文化"等家风、家教的内容，让每一个家庭都充满书香翰墨，充满歌声和笑声，充满幽默、和谐、温馨的气氛。每个家庭成员都积极向上、文明阳光，有爱心，充满正能量。

2. 在家风、家训中感受家庭文化

家风就是一个家庭的风气、风格、风尚，也就是指长期影响一个家庭或家族成员精神和德行的生活方式和文化氛围。家风要正，要以德立家、以德治家。世上有不少经典家风，例如，“勿以恶小而为之，勿以善小而不为”、“不能乱占人家小便宜”、“孝敬老人，严教子孙；尊老爱幼，亲穆存心”、“提倡勤俭持家，节约光荣，浪费可耻”、“自己的事情自己做”、“天道酬勤、地道酬善、人道酬和”等。曾国藩的家风以“勤”字为人生第一要义，“诸男在家勤洒扫”，“诸女学洗衣，学煮茶烧菜”。郭沫若的家风是“诚实做人、表里如一”。常言道：“国有国法，家有家规。”孟子曰：“不以规矩，不成方圆。”诸葛亮的“诫子书”“夫君子之行，静以修身，俭以养德。非淡泊无以明志，非宁静无以致远。夫学，欲静也；才，须学也。非学无以广才，非志无以成学。慆慢则不能研精，险躁则不能理性”被广为传颂。这些家风里都蕴含着一个家庭或者家族的精神和德行文化，代表着这个家庭或家族的精神形象。家风是一部无字的典籍，是一种无言的经典教育，是一种无形的德性力量，能滋养孩子的心灵，影响孩子的为人处事及生活习惯，对孩子起着潜移默化的熏陶作用，它会对孩子的性格和人格，以及世界观、人生观、价值观三观的形成起着重要的作用，让孩子成为讲文明，有礼貌，有教养的人。

有什么样的家风，就有什么样的孩子。俗话说，种瓜得瓜种豆得豆。英国的斯宾塞在《教育论》中写道：“野蛮产生野蛮，仁爱产生仁爱，这就是真理。待儿童没有同情，他们就变得没有同情；而以应有的友情对待他们就是一个培养他们友情的手段。”卢梭在谈到家庭教育的问题时说：“家庭生活的乐趣是坏风气的毒害的最好良剂。”团结、平等、和谐、情趣是打造良好家风的基础，冷漠、敌对、争吵、计较是家风建设的大敌，孩子生活在指责、埋怨、争斗、负面的家庭里，心灵会留下阴影和创伤。家庭氛围要民主宽松、尊重宽容、温馨和谐。家庭成员之间要互敬互爱、相敬如宾、互相关心、互相爱护、和睦相处，尤其是对孩子，要主动倾听，民主交流，平等协商，善用同理心，千万不能把孩子当成自己的私有财产，要像对待朋友一样。（前苏联）马卡连柯在《马卡连柯全集》中写道：“孩子是活生生的生命，美好的生命，因此对待他们就该像对待同志和公民一样，必须了解和尊重他们的权利和义务：享受快乐的权利，担当责任的义务。”提倡平视孩子，体现了与孩子的平等关系。

3. 在学习型家庭里浸染

家庭教育是孩子成长的基石，但是有不少家长在孩子的教育问题上却是很盲目的。他们认为，只要把孩子交给老师或者外面的培训班就可以了，有些家长索性把孩子交给老人，自己就很少过问了。当孩子的学习和成长出现问题时，他们就慌了神了，病急乱投医，别的家长说哪个家教好就急急忙忙投奔而去。我们班就有一个家长，发现女儿的英语不行，就来问我哪个英语培训班好。女儿的数学成绩不好，又来问我有没有好的数学培训班。我终于忍不住问她："你有没有想过你自己应该承担点什么？"她愣了一下反问我："我该怎么办呢？"我让她跟女儿一起学习，一起读英语，一起做数学题，每个晚上都跟女儿同读一本书，每个周六日利用半天时间陪孩子到图书馆阅读，给孩子做最好的榜样。她听了我的话，每个周六一整天都陪着女儿泡在图书馆里，把数学题也带到图书馆去做，经过三个月的努力，女儿数学终于得了一次一百分。这个妈妈在家长会上分享育儿经验时说："我感觉陪伴女儿读书、学习的时光是最幸福的。我经常装傻，让女儿教我数学和英语，还让她给我讲故事，为了让我这个笨妈妈学会，我发现女儿的学习责任心更强了，学习成绩也提高了。"还有一个真实的案例：班上一个孩子习惯性多动，一坐下来就浑身挠痒痒，双脚经常被他抓得满是指甲印，有时还有血印，衣服领子上的商标是他的最爱，使劲往前拽，拉着就咬。老师提醒一下，就停止一下，没过一会儿，老毛病又犯了。他上课经常发呆，精神溜号，考试也一样，从来没有办法写完作文，语文考试每次都是六十多分。孩子的妈妈是个很负责任的人，月薪近三万的工作也辞了，一心带他和弟弟，还把他弄到一个私立的机构去进行一对一的训练，每月去一次，一年三万多元。这位母亲每天坚持早上和晚上给孩子做一个小时的训练，还是有效果的，但是停止之后就反弹了。最后，母亲几乎绝望了，因为他每天的作业拖到十一点以后都没有办法做完。父母轮流陪着他做作业，几乎要崩溃了。一说他，或者骂他，他就立刻流眼泪，反而更慢了。一放暑假，母亲就来找我，想去报培训机构给他加强一下。我跟母亲说，只要她每天坚持带孩子到图书馆看书，让孩子爱上阅读，他的注意力自然就会变得专注起来。结果母亲真的听了我的话，整个暑假都带着两个孩子泡在图书馆里，果真硬生生地把孩子的专注力给泡出来了。孩子爱上了阅读，还积累了不少词汇，明白了不少哲理，孩子的理解力、感悟力和读写能力自然也就跟上来了。现在孩子天天坚持阅读和写作，语文成绩也提高了，每次考试都九十分以上，作业不再是他的拦路虎。妈妈由于陪伴孩子到图书馆看书，自己也养成了每天看书的习惯，她还坚持写孩子阅读的日记，这样一来，自己的语言表达能力也提高了，还担任我们班的家委主任，经常代表班级发言，还承担班级作文汇编等工作，母子都进步了。这就是我们提倡的学习型家庭。家长和孩子一起学习，孩子以家长为榜样，言传不如身教。这种陪伴的效果是很明显的。

建立学习型家庭，父母带头学习，家庭全员学习，互相陪伴学习，创新学习，营造“民主、平等、尊重、温馨”的学习环境，让孩子和家庭都在这样的环境里浸润，有效地培养孩子良好的阅读习惯、学习习惯和生活习惯。《教育部关于加强家庭教育工作的指导意见》强调：“家庭是社会的基本细胞。注重家庭、注重家教、注重家风，对于国家发展、民族进步、社会和谐具有十分重要的意义。家庭是孩子的第一个课堂，父母是孩子的第一任老师。家庭教育工作开展得如何，关系到孩子的终身发展，关系到千家万户的切身利益，关系到国家和民族的未来。”学习型家庭的建设刻不容缓。通过学习型家庭的建设，每个家庭都养成良好的阅读和学习的习惯，读书明理，自然能提升每个家庭成员自身的文化素养和综合能力，自觉做到崇尚科学、文明礼貌、遵纪守法、尊老爱幼、家庭和睦、邻里和谐。

我们从学生刚入学就要求每个家庭为孩子设计一个安静、舒适、温馨的读书角，要有书架、桌子、椅子，还要有台灯、绿色植物、阅读记录卡、阅读评价表等，有条件的家庭可以给孩子提供一个书房，设计一个小小的家庭图书馆。从学生入学就开始布置亲子阅读作业，每天晚上家长要陪伴孩子阅读三十分钟以上。孩子刚入学一年级，比较小，需要家长大声地给孩子朗读。孩子逐渐长大了，上了二年级，就要求家长和孩子一起大声读书。从三年级开始就让孩子读给家长听。四年级以上就要求家长和孩子各自默读，同读一本书，各自阅读之后互相交流阅读感受，写读后感或完成阅读卡、阅读任务单等。我们一周才会给孩子一张阅读任务单，不要求孩子每天都做阅读作业，而是让孩子们自由阅读，席地阅读，舒心地阅读。阅读本来就应该是一种精神享受，我们不想让太多的阅读要求和任务泯灭孩子的阅读兴趣。另外，我们还提倡行走的阅读，让图书在家庭之间漂流起来，互相借阅，互相交流阅读心得和感受，思想碰撞，观点交锋，共同提高阅读鉴赏力和阅读品位。我们还建议家庭和孩子们把自己阅读过的书籍捐到海南、江西等贫困山区的家庭里，让那里的家长和孩子们也能享受阅读的快乐，让一本书发挥最大的效能。

（三）走进开放的社会生活课堂

语文是综合性和实践性很强的学科，只有在广阔的社会生活中学语文，用语文，才能提高学生的语文核心素养和综合实践能力。俗话说，读万卷书不如行万里路。问渠哪得清如许，为有源头活水来。社会生活资源取之不尽，用之不竭。我们要把语文学习的内容融入社会的元素、社会的资源和社会的信息中，让语文学习的内容更富有生活性、社会性和时代性。正如叶老先生所说，教材只能作为教课的依据，要教得好，使得学生受益，老师就要创造性地活用教材，要敢于跳出教材，赋予教材更多生活、现实和时代的内容。语文学习源于生活，也服务于生活。陶行知说："我们深信生活是教育的中心。生活教育是给生活以教育，用生活来教育，为生活向前向上的需要而教育。教育要通过生活才能发出力量而成为真正的教育。"社会生活里有经济学、哲学、物理、化学、数学……是最富有人文气息和人性光辉的内容。例如，社会生活中每天都要与人沟通、交往，这不就是语文的口语交际课吗？如果我们把口语交际放到真实的交往情境中训练，就会更加真实而有效。训练的不仅仅是语言表达能力和应对的机智，还训练了表情和心理素质、意志品质等，提升的是学生的交往智慧和语文综合素养以及生活实践能力。

曾经听过一个非常有趣的事情，某名牌大学毕业的博士被分配到机关办公室工作。他工作比较认真，一到办公室就坐在电脑面前。电话响了，他顺手接过电话："喂，不在！"简单的一句话，就把电话挂了。不一会儿，电话又响了，他有点不耐烦："喂，找谁？不在！"一周后，这个博士就被调到另外一个部门去了。听说主要的原因是不会接电话。其实，在生活中真的有许多人不会说话，更不会好好说话，尤其不会沟通，说话经常得罪人。沟通是一门艺术。在语文课上我们的孩子们一二年级还很喜欢举手回答问题，可是到了高年级就金口难开了，任凭老师再怎么启发，举手的孩子也是零零星星，有的孩子甚至从来不愿意举手回答。我们曾经做过调查，发现不举手的原因有：害怕说错了，被老师和同学笑话；性格内向、胆小，不愿意回答；害怕同学说自己出风头；口头表达能力不强，说话不顺溜；不感兴趣，不用心听，不懂怎么回答。这些都是源于学生本身的问题。还有一些源于老师的问题：老师提出的问题太难，学生没办法回答；老师提问没有目标，针对性、逻辑性不强，学生无法理解；给学生思考的时间太短，学生还没有考虑清楚；老师过于严肃，学生情绪紧张，回答不出来。未来社会需要的是能言善辩，善于与别人沟通交往、互动交流的人。未来的现代人必须要有很强的口语交际能力。"口语交际能力是一种在交往过程中表现出来的灵活、机智的听说能力和待人处事的能力。"人，具有社会性，有群居的习惯。口语交际活动将伴随人的一生，具备较强的口头表达，也就是口语交际能力，有利于思维的发展，有利于保障准确地表达自己的想法和与人沟通交流的质量，有利于提高生活、学习和工作的品质。新课标指出："口语交际能力是现代公民的必备能力，应该培养学生倾听、表达和应对的能力，使学生具有文明和谐地进行人际交往的素养。"学生的口语交际能力如此重要，但是在我们平时的语文课上，许多老师往往把口语交际课上成了单向的传授口语交际技能的课，或者是学生单向的一种陈述，没有互动生成，更没有思维的碰撞和思想的交锋。口语交际课堂唱的是独角戏。有些老师干脆三言两语就带过，口语交际课成了写作的简要过渡，没有任何延伸和铺展，就直接进入写作环节。长此以往，孩子们就变得笨口拙舌，表达不畅。另外，在口语交际中，老师们往往只关注语言文字本身是否通顺和语法修辞是否正确，是否文从字顺，而对说话的口吻、表情、态度、语气、语调等比较少关注，对表达的文明和谐程度，礼貌用语等也关注不够。"宽语文"提倡的口语交际，除了关注语言文字本身的准确、具体、生动之外，还关注交际时的文明礼貌用语，肢体的协调和表情的和谐，尤其注意说话的口吻，努力让别人听了悦耳舒服，没有心理压力和精神压抑。"良言一句三冬暖，恶语伤人六月寒。"

生活处处是语文，语文无处不在，无时不有。语文是一门社会学科，教学中理应重视其实用性。我们可以随时、随地、随兴地从社会生活中捕捉到语文的元素和语文学习的资源。例如，大街上的各种招牌、商标、产品说明、景点说明、路标等都是语文学习的资源，我们可以在逛街的时候引导孩子认识商标、路标；购物的时候可以引导孩子认识物品名称、功能说明等；旅游的时候可以引导孩子认识景点的名称和说明；看电影的时候引导孩子看字幕；还可以在交往中引导孩子认识人的名字。这样，让学生在生活场景中去观察、识字，积累更多的汉字，并运用到自己的生活中，给自己的生活带来更多的便利。不仅是识字，还让学生了解生活常识和周围的事物，以及人际关系、社会万象等，引导学生去观察、分析、总结、积累、创造等，提高学生认识社会，了解社会的能力，学以致用，以用促学，提高学生的语文综合能力。

（四）走进神秘的内心课堂

王阳明认为，万物一体，心和世界是可以沟通的。人心对世界有所感，而世界万物就有所感。如果你的心不“感”，那世界万物就不“应”；只要你“感”，世界万物必须“应”。这就说明，心统一着世界万物，主宰着世界万物。换句话说，“心”不但是宇宙万物的主人翁，能超越时间和空间，同时还是一种强大的意志，能创造出整个人文世界。王阳明承认世界是客观存在的，但这个世界应该什么样子，是由我心来决定的。有的人的世界黑暗无边，有的人的世界光明灿烂，这都是拜我们那个宇宙万物的主人翁的心一手所赐……由于心即是理，心外无事，心外无物，心的本体是无善无恶，所有天地万物也应该无善无恶。由于心即是理，你的心安放了，这个世界也就好了。[①] 如何让“心安放”？那就要正心、修心。《大学》原文：“所谓修身在正其心者，身有所忿懥，则不得其正；有所恐惧，则不得其正；有所好乐，则不得其正；有所忧患，则不得其正。心不在焉，视而不见，听而不闻，食而不知其味。此谓修身在正其心。”学习、生活都是在修心。老师要引导学生学会静心，内观，观照自己的内心，与自己的内心对话，走进自己神秘的内心世界。尤其是多动的学生和逆反期的学生，我们更要引导他们静心、冥想、观照自己的内心，在内心的课堂里观察、反思、内省、自悟、总结、提升，引导他们与自己的内心真诚对话，现我与本我亲密交谈，提高自我反思力、挫折修复力，还有对世界万物的洞察力和探索力，以及改造世界的勇气、信心和创造力。

在“宽语文”的课堂里，当孩子们累了、躁了的时候，我会让孩子们伴着优美的轻音乐，轻轻地眯着双眼，目光聚焦鼻尖，一直贯通心灵，静静地冥想，想象美好的画面和景

① 度阴山：《知行合一王阳明 2：四句话读懂阳明心学》，北京：北京时代华文书局，2015 年

致，让心灵与自然融为一体，天人合一，扫除一切负面的、负能量的念想，让心灵呼吸，舒展，飞扬，让内心世界博大而包容，一草一木，一花一石，一人一物，一山一水，皆入心来。心灵的世界就是另一个宇宙，那里莲花朵朵，光明洁净，宁静祥和。此时，心内的世界与心外的世界合一，就达到了和美。

我还会将语文和心理进行整合，通过引导学生画心灵自画像、编演心理剧和记录心灵日记等方式，折射学生的心灵样态，对学生进行心理观察和调试的同时提高语文综合能力。这是滋养学生心灵，修养学生灵魂的好方式，直抵学生的心灵和灵魂，你可以听到他们的心灵和灵魂发出来的声音，那是内心世界的天籁之音。

心智是人的致胜核心。“宽语文”不但要提升“智”，也要修心，修身养性，明心见性，要让学生宽心、静心、精心、明心。心有多大，世界就有多大，如果你的心只是一尺见方的池塘那么大，那么一粒沙子也会激起无数浪花。如果你的心是一片海，就算一把沙子都无法激起一丝一毫的涟漪。宽心待人处事，平心静气生活学习，这才是我们追求的境界，心智也只有在这种境界里才有最好的生长和发展。

第二章　课堂，激扬的长空

课堂应该是激扬生命的长空，在这个高远而浩渺的长空里，每一个生命都是安全的、自由的，充分舒展的、蓬勃生长的；课堂应该是奔腾不息的江河，生命的乐章生生不息，渊源流传；课堂应该是波涛汹涌的大海，思维迸射，观点交锋，激起万丈浪花。这就是宽语文教育的课堂，每一个生命都充分得到解放，心灵放飞，想象飞扬，灵性激越，个性彰显，学习力得以充分发挥。

课堂不应该是一潭死水，没有想象的波澜和思考的浪花，只有单向的知识灌输和僵化的知识复制、堆积。课堂应该是活泼的小溪，想象的音符“叮叮咚咚”欢悦地鸣唱；课堂应该是奔腾不息的江河，生命的乐章生生不息，渊源流传；课堂应该是波涛汹涌的大海，思维迸射，观点交锋，激起万丈浪花；课堂应该是水平如镜的湖，聆听、静思、内化在宁静祥和里透亮、升华。

课堂应该是激扬生命的长空，在这个高远而浩渺的长空里，每一个生命都是安全的、自由的，充分舒展的、蓬勃生长的。这就是宽语文教育的课堂，每一个生命都充分得到解放，解放手脚、解放双眼、解放双耳、解放嘴巴、解放大脑，心灵放飞，想象飞扬，灵性激越，个性彰显，思考力、理解力、感悟力、审辨力、交往力、创造力等学习力得以充分发挥。

一、宽松、平等、祥和的环境

教学是由“学生”、“教师”、“教材”、“学习环境”四个要素构成的。俗话说,“环境”造就人。“学习环境”虽然被排在最后一位,却绝对不能轻视它,因为美观、宽松、民主、平等、温馨、祥和的学习环境,可以让人心旷神怡,心情舒畅,有了好心情,才能入心,走心,才能内化浸润,学习效率才能提高。平时我们说的组织教学也是营造这种良好的课堂学习环境、学习氛围。

(一)美观、宽松、温馨的课堂硬环境

课堂硬环境就是指课堂的物理环境,必须是干净、整洁、美观的,其实每个班主任都会把自己的教室布置得十分精美,四面墙上会贴着一些名人名言、孩子们的作品、小组或个人的奖励栏、班级成长树、班风班训等,让每一面墙都会说话。

课堂组织教学是一门艺术,不需要对学生耳提面命、威胁恐吓、管罚,这是无济于事的。“宽语文”课堂不主张用过多的说教式、口令式、命令式的课堂教学组织方式,而是主张情境式、书香式、浸润式的教学组织方式。老师不需要声嘶力竭地吼叫,命令、威胁,或者是喊一些口令,只要放一首轻音乐,让孩子们静息冥想,或者讲一个小故事,说一段小笑话,读一首古诗、一篇美文,做一段舒缓的课堂瑜伽放松操,一切都在轻声细语中,营造一种宽松、温馨、祥和的学习环境。在这样的环境里,师生都会身心放松、神清气爽、心怡神悦、思维活跃、想象飞扬,学习兴致盎然、学习效果提升。

(二) 民主、平等、和谐的课堂软环境

1. 眼中有人，心中有人

美国心理学家马斯洛的层次需要理论将人类需求按层次分为五种，分别是生理需求、安全需求、社交需求、尊重需求和自我实现需求。除了生理需求，人渴望的基本需求就是安全，身心的安全感，尤其是心理安全感。要让孩子们有心理安全感，教师要做到"眼中有人，心中有人"，要把孩子放在课程的中央，蹲下来与孩子交流，充分地尊重孩子，关爱孩子，呵护孩子。美国哈佛大学心理学家著名的"罗森塔尔效应"就是尊重和爱的效应。1968 年罗森塔尔和雅克布森做了一个实验，他们在奥克学校一至六年级各个班随意抽取 20%的学生进行一次"预测未来发展"的测验，然后将一批学生的名单交给校长和相关的老师，并告诉他们这一批孩子是具有极大发展潜力的学生。实际上他们并没有做任何检测，仅仅是随机抽取出来的学生名单。8 个月后，他们进行复测，结果发现，名单上的孩子成绩提高很快，而且开朗豁达，综合能力强，与老师感情深厚。罗森塔尔认为这是"权威谎言的暗示"，是给老师一种正向的积极的心理暗示，老师对这批孩子就会有更多的厚爱、关怀、鼓励和信心，简单地说，老师把这批孩子放在心里，并给予他们很高的期待，孩子们就会进步得更快，自信心就会更强了。

有些老师眼中只有分数，只有排名，只有优秀率、及格率等，就是没有人，把人当成考试和作业的机器，没有把生命成长和品格的建树、人性的修为放在眼里和心里。这样的老师长此以往是没有办法受到学生尊重的。因为学生更喜欢暖心和贴心的老师，更渴望得到老师的肯定和关爱，喜欢有温度、有爱的课堂。这个课堂不仅仅是老师单向的对学生的爱和尊重，与此同时，我们还强调学生也要尊重老师，尊重同学，在课堂上营造一种互相尊重，互相倾听，互相学习，共同成长的学习软环境。

我班里有三个比较弱的孩子，我称之为"吉祥三宝"，大宝是个多动症加统感失调的孩子，经常摔跤，曾经被其他的孩子推到墙壁上，磕到墙角上，头破血流，缝了五针。他经常无意识地拿着书、文具就往同学头上砸，还拿着铅笔尖戳同桌的手和眼，还会恶作剧地突然伸出脚把同学绊倒。自己的抽屉里和脚下经常是垃圾或者水迹斑斑，但是

他很善良，有爱心，还跟妈妈用一个多月的时间给班上每个孩子制作了一件精美的礼物。二宝是个智商比较低，思维滞后的孩子，注意力很难集中，每次考试都不及格，但是非常乖巧，非常漂亮和可爱，从来不跟同学闹意见，不给老师添乱。三宝是个语言障碍的孩子，发音很不清晰，刚转学来的时候我们根本不知道他在说什么或者读什么，根据他的问题，我给他配了一个小辣椒师傅，天天领着他读书，陪他说话，三年下来不但吐字清晰，成绩还提高了，经常考到九十分以上。这"吉祥三宝"我始终带着，只要有空，放学之后就把他们仨带到操场运动、做游戏，或者带到我办公室辅导，给他们发红花、星星卡等作为鼓励，还给他们好吃的。这三个孩子虽然成绩不好，他们就像蜗牛一样，很慢很慢，但是他们也是上帝送给我们的天使，我们必须宽容和善待他们，用心、用爱陪伴他们慢慢行走，慢慢成长。

2. 建立民主、平等的师生关系

良好的师生关系是课堂教学的核心软肋。后现代主义代表人物多尔认为："教师在师生关系中的地位是'平等中的首席'，其作用没有被抛弃，而是得以重新建构，从外在于学生情景转向于情景共存，是内在于情景的领导者，而不是外在的专制者。"教师不是警察、保姆，而是学生的良师益友。在课堂里是老师，是孩子们学习的组织者和引导者；平时是朋友，倾心交流，互相尊重，互相理解。这种民主、平等的师生关系营造出一种课堂平等、尊重、自由、创造的和谐的人文环境和人性文化，形成一个和谐的教育大染缸，师生在这个教育大染缸里浸染、润泽，身心放松、呼吸自由、心灵舒展、思维创新。

民主、平等的师生关系体现在互相倾听。师生之间，生生之间，彼此倾听，互相学习，共同成长。在传统的课堂里，"师道尊严"的思想，教师的知识权威和灌输式的教学方式，营造的是一种居高临下的教学姿态。"宽语文"课堂，要求老师蹲下身子，用平视的目光欣赏学生，倾听每一个学生的发言，感受每一个学生的心情和想法，也就是倾听每一个学生的心声。用心倾听其实就是一种尊重。用心倾听彼此的回答，彼此的心情和心声，是建立民主、平等师生关系的基础和根本。其实，热热闹闹，对答如流的课堂不见得就是效果最好的课堂。而认真倾听，春风化雨，彼此心灵呼应，润物无声的"润泽式"课堂，会让学生的学习效率更高。

正像日本教育家佐藤学的《静悄悄的革命》一书里提倡的倾听方式："这种'倾听方式'不是听学生发言的内容，而是听其发言中所包含的心情、想法，与他们心心相印，从而产生'啊，真不简单'、'原来如此'、'真有趣呀'等共感共鸣。唤起这些情感体验可以说是倾听学生发言的'理解方式'应具有的最重要的意义吧。如果教师总是被'下一步怎么办'的观念束缚着的话，那是不可能产生'欣赏'、'体味'的'倾听方式'和'理解方式'的。""教师应该意识到，自己站在教室里是在和学生一起'共度愉快的时光'，如果这样认识的话，教师就可以从单方面的要求学生发言的想法中跳出来，而转变为在组织、引出学生发言之前，仔细地倾听和欣赏每一个学生的声音。应当追求的不是'发言热烈的教室'，而是'用心地相互倾听的教室'，只有在'用心地相互倾听的教室'里，才能通过发言，让各种思考和情感相互交流，否则交流是不可能发生的。"①没有交流，互相学习，共同生长就只能是一句空话。

民主、平等的师生关系体现在"好好说话"。"好好说话"，看起来不难，其实在课堂教学和生活实际中许多人就很难做到。常言道：良言一句三冬暖，恶语伤人六月寒。学语文，最重要的就是学会说话，要学会"好好说话"。所谓"好好说话"不仅仅是要遵守语法和句法的规范要求，把要说的话说清楚，说完整，说通顺，甚至说具体，说生动，说出自己的真情实感，还要注意说话的口吻、语气、表情、心情等，要做到文明、礼貌、平和，不燥、不怒、不冲，更不能挖苦、讽刺、打击等，免得伤害别人。"好好说话"是一种艺术，也是一种修养，更是一种教养。宽容和善、和颜悦色、口吐莲花、倾心交谈，会给人温暖、舒服的感觉，能拉近人与人之间的距离，化解人与人之间的矛盾，构建民主、平等、祥和的课堂氛围和师生关系，为提高课堂效率打好基础。

在日常的课堂上，我们看到许多"口语交际"课，变成了教师的独角戏，或者是学生的程序化训练，目的就是为了考试。教师引导的多是交际应对的技巧和语言的完整性和生动性，比较少关注到交际的情境、口吻、语气、表情、动作和心情等非言语因素。甚至有些口语交际课仅仅是习作课的前奏，并没有得到重视和落实。"好好说话"没有在

---

① （日）佐藤学：《静悄悄的革命：课堂改变，学校就会改变》，李季湄译，北京：教育科学出版社，2014 年，第 29、18 页

我们的口语交际课堂上得到切实的训练。宽语文主张将口语交际课放到现实生活中进行，根据学生生活的需要，设计交际的话题或主题，引导学生在生活场景中学习“好好说话”，然后在课堂上分享自己在现实生活交际中的真实感受和体会，交流分享，总结提高。

民主、平等的师生关系还体现在“商量”。世界上没有两片相同的树叶，人也一样，每个学生都是不同的生命个体，他们的思想、观点、能力都是不一样的。因此，老师在布置学习任务或者实施教学决策、方法之前，可以与学生商量，征求学生的意见，这样不仅有利于建立民主、平等的师生关系，还有利于得到学生的全力支持，提高效率，因为是征得学生同意的，学生就不会有抵触心理，会非常乐意接受，而且认真去完成。例如，在布置语文作业时，我会先征求学生的意见，设计梯度作业，力图适合不同程度的学生，程度好的学生就做生本课程开发、综合创作、主题学习、调查报告等综合性、创造性比较强的作业；程度不好的学生只要把文本学好，将字词巩固，篇章理解透，多读课外书，多做读书笔记即可。每到节假日也跟学生商量要不要留作业。学生从来就不愿意在节假日写书面作业，那么我就布置学生到郊外或公园去玩，学习拍照、制作美篇，或者到图书馆去阅读，或者去看电影，或者去做公益。这样的作业往往非常受学生的欢迎和喜爱，学生也不必带着任务和压力去活动，活动时学生可以全心投入，毫无顾忌地尽情玩耍和享受活动的快乐，不必总惦记着要写活动日记。回校之后，互相分享这些活动的感受，在老师的指导下写成文章。玩的时候就尽情地玩，学的时候就用心地学。

商量就是平等和谐地交谈，是在彼此尊重的前提下的沟通方式。在商量的过程中，师生和生生的观点和看法会发生交汇和碰撞，经过互相磨合到彼此融合，最后补充完善。这个过程也是练习口语交际的过程，是学习应对，制定计划，修改策略的过程，还是师生、生生之间情感交流，心灵呼应的过程，对营造良好的师生关系，生生关系，以及对提高学生的综合能力都很有益处。

3. 鼓励学生的个性见解

教育就是要多一点鼓励，少一点惩罚。清代教育家颜元说过：“数子十过，不如奖子一长。”曾经听过一个关于水的故事：有三杯一模一样的清水，每天对三杯水实施不一样的态度和做法。对第一杯水，天天鼓励、表扬、夸赞；对第二杯水，天天批评、辱骂、打击；对第三杯水，天天冷落、不理不睬。一个月之后，三杯水发生了不一样的变化。第一杯水变得澄澈、晶莹、透明；第二杯变得浑浊、浑黄不清；第三杯变得发灰发乌，还有一股臭味。这个故事让我们看见，经常受到表扬、鼓励的水，会越来越晶莹剔透，越来越美丽，而经常被批评、辱骂的水却变质发黄了，最可怜的是第三杯被冷落的水，居然发臭了，最哀莫过于心死！这个故事让我们懂得，鼓励、表扬是有力量的，会催生意想不到的奇迹。还曾经听过一个故事，一个小女孩因为相貌长得不好看，而极度自卑。父亲为了鼓励女儿，匿名佯装成一个男孩，坚持每周给自己的女儿写一封信，欣赏鼓励女儿，表扬女儿做事认真，善待他人，有爱心等，女儿每周收到信都会躲在自己的房间里偷偷地看，看完信之后一整天都非常开心。后来，他居然发现女儿不再整天愁眉苦脸、少言寡语、沉默封闭自己，而是越来越阳光、自信，容颜也越来越姣好，气质也越来越高雅。这就是鼓励的力量，鼓励让人信心百倍，坚强而有韧性；鼓励让人内心充满阳光，充满抗挫的力量；鼓励让人心胸豁达，充满智慧，富有想象和创造的力量。

教育就应该让每一个人都有尊严地站立着。表达自己独特的见解和观点是每个人的权利。老师要鼓励学生打破已有的思维定势，不拘泥于标准答案，不畏惧教师的知识权威，有个性地表达，不让学生养成人云亦云的从众心理和习惯。要鼓励学生敢于怀疑、质问，敢于挑战教材、标准答案和教师的权威，敢于批评不正确的观点，成为有眼光、有主见，有独立人格和思想，勇于探索和创新，有远大理想和志向的人。苏霍姆林斯基说："每个孩子都是一个完全特殊、独一无二的世界。""在影响学生内心世界时，不应该挫伤他们心灵中最敏感的一个角落——自尊心。"洛克说："每个人的心灵就像他们的脸一样各不相同，正是他们无时无刻地表现个性，才使今天的世界如此多彩。"在课堂上教师要尊重学生的自尊心，对学生的心理、情感、行为、性格、人格等不做主观而武断的评价，给学生留面子，不当众批评或数落学生。要尊重学生的选择、决定，尊重并鼓励学生独到的见解和独特的思想、观点，不一样的表达和不同的声音，让学生的心灵得到充分的解放和自由，让学生发出自己富有个性和创意的声音。

4. 宽容孩子们的"错误"

古人云："人非圣贤，孰能无过。"是人都会有错。学生出错是再正常不过的事儿。

我们要允许学生出错,并纠错反省,在纠错中成长。许多公开课都不允许学生出错,学生的问题是设计好的,一答就对,只要有答不出来的,立刻让其他的同学替代,没有给孩子犯错的权利,唯恐因此而影响课堂的完美。这样的课堂表面看非常精彩,学生很活跃,应答如流,教学环节设计精美,无懈可击,师生配合默契,焕然一体,一气呵成,课堂活跃,气氛热闹,非常完美。这种完美是令人担忧的,没有看到学生在课堂上从不懂到懂的痕迹,没有看到学生的质疑,思维的生长,没有听到学生表达自己独到的见解,发出不一样的声音。这样的课堂不是生长的课堂,没有生命成长的痕迹。

孩子就是在不断犯错的过程中成长起来的。心理学家盖耶说:“谁不考虑尝试错误,不允许学生犯错误,就将错过最富成效的学习时刻。”错误就是一种珍贵的教学资源,它会引发学生的反思和探究,寻找错误的根本原因,促进学生思维的发展,思考力、审辩力的提升。黑格尔说:“错误本身是达到真理的一个必然环节,由于错误,真理才会被发现。”错误是学生学习过程中客观而且必然存在的现象,是探索未知,发现真理的必经之路。面对学生的错误,我们要抱着宽容之心,正确引导,把错误变成一种资源,启迪学生反思、总结、提升,让学生经历由错到对的整个过程,加深学生对知识结构和原理的印象,让学生享受反复出现的错与对的交替过程,丰富学生的生命体验,让知识带着生命的体温和情感的波澜。

二、开放、整合、丰实的内容

“宽语文”课堂杜绝“语文课本 = 语文教学 = 语文教育”的狭窄的语文教育观，加强语文与大自然、与社会生活、与各学科之间的联系，加强课内外、校内外、学科间的联系，树立大语文教育观，根据语文的综合性和实践性特点，把课外阅读与课内阅读，课外书和课本有机整合，把语文课堂与生活课堂，与大自然课堂有机整合，让语文课堂、语文教学内容更开放，更丰实。

“宽语文”课堂是个图书馆。教室不仅仅是聆听老师讲课，写作业，做练习的地方，也是阅读的地方。阅读是学好语文的基础。我们把教室布置成温馨的图书馆的模样，摆放学生们喜欢看的图书，让学生随手可及，随心阅读。我们还让教室里的图书漂流起来，在小组内漂流，在班级里漂流，在同年级漂流，在学校里漂流……让每一本书都在孩子们和家长们的手里行走起来，也在他们的心里行走起来。我们打破一个学期教一本教科书的局限，设计“1 + 1 读写结合”、“1 + 3 拓展阅读”、“主题群文阅读”、“全书阅读”四种课型，实施教材的开放，把经典国学、儿童书籍、儿童诗歌、自然百科、人文历史、影视资料、歌曲等教材有机整合，让语文教学内容更加宽广，更加丰实，更加多元，让学生充分调动所有的感官参与语文学习，感受和体验立体多元而又丰实的语文学习内容，从无字书和有字的书里汲取民族文化的精髓，领略语文学习的无穷魅力，提高学生学习语文的兴趣和阅读理解力，鉴赏力和创新力，提升学生的阅读品质和语文综合实践能力。

“宽语文”课堂是个生活馆。课堂教学内容绝对不仅仅是文本的资料，应该是更加宽广的资源，更加多元的课程。“宽语文”课堂不仅整合了课内外阅读，还整合了校内外生活，努力开发和建设适合儿童成长规律和教育发展规律的“开放而有活力”的“宽语文”课程，突出语文课程的开放性、实践性和社会实用性。例如，我们把《语文》与《品德与生活》、《科学》、《音乐》、《美术》等学科有机整合，开发“语文与学科整合课程”。让更多的内容和元素介入语文学习，激发学生语文学习的兴趣，更好地学习语言，发展思维，提高文化品位和审美品位，突出语文的综合性。我们还开发乡土文化课程、生活通识课程、童语（童谣、童诗、童话）课程、心语课程、生本定制课程等，突出语文的实践性，服务于学生的真实生活和个性化学习需求，实现语文教育与学生生活的无缝对接，放大语文学习的效能。

“宽语文”课堂是个互联网世界。当今世界科技日新月异，信息技术瞬息万变，不管哪一个学科，都必须与信息技术，与互联网世界对接才能发挥更大的效能。宽语文也搭上互联网的快车，精心打造“互联网＋”的现代“宽语文”教学模式。例如宽语文微课、宽语文数字教学、宽语文直播间、宽语文公众号等，借助互联网和信息技术的高科技手段，打造更适合学生个性发展和全面发展的教学方式，让开放而丰富多元的信息资源充盈“宽语文”的课堂学习内容，让学习内容丰实而富有现代气息，并且知识内容更新快，跟上时代的步伐，永远不会陈旧和落后。

三、自主、合作、探究的形式

小学语文课程标准指出，要转变教学方式，提倡自主、合作、探究的学习方式。宽语文始终把儿童放在课堂中央，追求以“学”为中心的课堂，强调发展适合学生成长和发展的，能体现学生需要、愿望、态度的自主、合作、探究的学习方式，尤其强调创新的学习方式和学习成果。

“宽语文”提倡的“自主学习”，不是没有教师参与指导的自由放羊式的“自主学习”，强调学生的主体性，也同样强调教师的主导性。日本教育专家佐藤学说：“在学校里的学习既不是学生一个人的孤立的活动，也不是没有教师介入而进行的活动。它是在教师的介入下，学生自主合作进行的活动，这才是学校中“学习”的本质。”教师在学生的学习过程中，要提出具体的学习任务和要求，组织学生自主和合作学习，还要集中精力用心观察每一个学生在学习过程中的表现，发现学生的困惑和收获，及时组织多样化的交流互动，让学习活动更加丰富，让学生的经验更加深刻。

1. 自主探究的课堂形式

传统的教学常常是教师的满堂灌和一言堂，这种“填鸭式”的教学形式，忽略了学生的需要、愿望和态度，学生的主体性没有得到充分发挥，主动性和自觉性没有得到激发。但是，我们也看到不少的“主体性神话”，特别强调学生“自己解决”、“自己决定”、“自我实现”，对教学四个要素，即“学生”、“教师”、“教材”、“学习环境”中的“学生”这一要素过于夸大，把学生的主体性绝对化了，把教学中的“自学自习”、“自我决定”、“自我实现”等理想化了，变成了学生的“我行我素”甚至是“放任自流”。佐藤学说：“学生自立、自律的学习必须在与教师的互动中，在与教材、教室中的学生以及学习环境的关系中来加以认识。学习只有在教师、教材、学生、环境的相互关系中，才能够得以生成、发展，儿童的“主体性”不是和这一切毫无关系而独自起作用的，学生的需要、愿望、态度等也不是在这些关系相互作用之前就存在的。”①

“宽语文”尊重课堂的生态规律和学生的学习规律，科学地处理好“学生”、“教师”、“教材”、“学习环境”四个教学因素之间的关系，在突出学生主体性的同时，也强调教师的主导作用。这与新课程提倡的“学生主体，教师主导”的教师观和学生观是一致的。马克思认为：“人是社会历史和现实生活的主体，人是在自我认识、自我发展、自我完善的过程中，通过认识和改造客观现实的创造性活动来确认自己的主体地位，发展主体本质的。”“然而呼唤人的主体性，强调重视人的主体性，并不等于真正发展了人的主体性，主体性不是与生俱来的，它是通过实践，特别是通过交往实践来表现、确证和形成的，主体之间的‘相互交往性’即‘主体间性’是学生主体性发展的基础。在这种背景下，一种强调学生主动参与，师生的交往和互动，形成良好的师生关系的改革成为我国教育实践发展的必然。”②“宽语文”所提倡的学生自主探究的课堂形式就是在教师有效引导下，学生对“教材”和“学习环境”的探究学习。例如教学《我要的是葫芦》一课时，我引导学生整体感知文本，在了解文本主要内容的同时提出自己的困惑；然后用思维导图、四格漫画、图文解读等方式去探究问题，解决问题。在学生自主探究问题的过程中，老师始终认真观察学生探究的表现，及时发现他们的困惑和收获，即兴引领和疏导，使学生的自主探究更有时效性和深刻性。学生们提出的问题和探究解决问题的方式是丰富多彩的，富有个性和创新性的。

这样的自主探究学习是有效的，不仅锻炼了学生的提问能力，还锻炼了学生分析问题和解决问题的能力，而且这种思维导图、四格漫画的形式还可以训练学生的形象力、思考力和语言表达能力。长期这样训练，还可以培养学生的审美能力，提高学生的语文核心素养。

---

① (日)佐藤学：《静悄悄的革命：课堂改变，学校就会改变》，李季湄译，北京：教育科学出版社，2014 年，第 13 页

② 田汉族：《交往教学论》，湖南师范大学出版社，2002 年，第 37 页

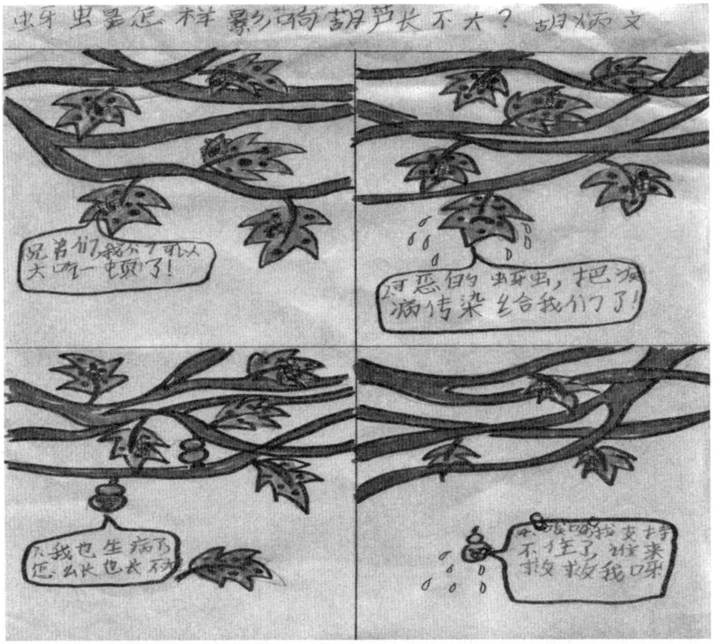
蚜虫是怎样影响葫芦长不大？
兄弟们我们可以大吃一顿了！
可恶的蚜虫，把病传染给我们了！
我也生病了 怎么长也长不大
我支持不住了，谁来救救我呀

我错在哪里？
第一次
第二次
第三次
原来是因为我不知道叶子和果实的关系，而且不听邻居的劝告，所以，葫芦才会落了。

2. 合作探究的课堂形式

合作探究的课堂形式是指教师针对教学的重点和难点问题,以及学生没有办法自主探究的困惑,组织学生分成四人或者六人小组,组内成员合理分工,人人参与,通过阅读、观察、实验、思考、讨论、研究等途径,自觉、主动地去探究客观事物的属性或者问题的本质,找出事物内部的联系,发现事物发展的规律,总结出相应的原理和结论,形成科学的概念和观点。

合作探究是手段,不是目的,更不是做秀。我们有时会看到一些课堂,为合作而合作,合作泛滥,合作变质,让合作探究凌驾于学习知识和发展能力之上,合作的内容简单空洞,没有解决实质性的疑难问题,使合作流于形式,浮于表面。

合作探究如何做到有效呢?

首先要有效分组分工。我们根据每个学生的兴趣、能力、基础、特长等差异,有意识地将不同程度的学生,按照"组间同质,(兴趣相同),组内异质(能力不同)"的原则进行分组。我们提倡四人小组,两两互为师徒,互帮互带,提高合作的效率。合作的目的是让每个小组成员都能从合作探究中有所收获,有所提高。如果小组随机组合,不做任何安排，没有具体的分工，任由小组成员随意发挥，七嘴八舌，一盘散沙，无序无效，这样的合作探究仅仅是做秀，根本没有实效。

其次是制定有效的合作规则。“没有规矩不成方圆”。小组合作探究如果没有规则就不会有效率。我们制定的合作基本规则是：第一，合作之前要明确探究的问题和任务；第二，要在自主探究的基础上，带着自己对问题的见解和观点参与合作讨论；第三，明确自己的分工角色，认真倾听组员的表达，即时记录别人观点的关键词，及时回应，评价、质疑、补充、建议等；第四，用平和、礼貌的口吻小声交流，人人有序参与，不要影响到其他组；第五，积极参与讨论，及时整合、补充、提升自己的观点，形成思想；第六，分工明确，团结协作，互帮互学，教学相长，师生、生生共生共长，最大限度提高合作探究的效率；第七，小组展示要大胆自信，声音洪亮，表达清楚，观点明确，适当借助手势和多媒体。最值得一提的是第四个规则：“用平和、礼貌的口吻小声交流，人人有序参与，不要影响到其他组。”在不少课堂上，我们看到学生合作交流的声音一个组比另一个组更大，整个课堂热闹非凡，学生表情激动，讨论得非常热烈。老师们也很欣赏这种大声而激烈的讨论，甚至把声音的大小作为权衡合作讨论效果的一个重要指标。有理不在声高。不是声音越大，氛围的热闹，合作的效果就越好。课堂是生活场，在合作交流中培养学生轻声交流，养成在公众场合轻声私语，不影响他人的文明教养是很有必要的。在火车站、高铁站、飞机场等许多公众场合，大声喧哗，或者拿着手机大声说话，毫无顾忌别人感受的人确实不少，教育即生活，培养学生的交流说话教养刻不容缓。

再次是在合作中共生共长。有效的合作探究不能只看表面的热闹，形式的多样，更要看每个学生是否有收获，学生的思维是否活跃，是否在交流的过程中交汇、碰撞、生成和发展，学生的心灵是否默契呼应，和谐对话，灵魂是否有共鸣。萧伯纳说：“两个人，每人有一个苹果，交换一下，仍是每人一个苹果；两个人，每人有一种思想，交换一下，每人就有两种思想。”合作就是交换思想和观点。我们提倡有效合作之后，生成更多的方法和思想。例如上完《画风》之后，组织学生小组合作探究画风的其他方法，还让学生小组讨论，合作探究“香味”的画法。每个小组都充分地发挥组员的聪明才智，创造发明了很多种画风和画香味的方法，尤其是画香味的方法更是令人赞叹。有一个小组，画了一片盛开的鲜花，花瓣上有许多翩翩起舞的蝴蝶；有一个小组画了一个可爱的小姑娘，手里拿着一束鲜花，鼻子凑到花瓣上，轻轻闭上双眼，表情很陶醉；有一个小组画了一杯咖啡，还有袅袅的香气；还有一个小组，画一个黑色的坛子，坛子上贴着一个红色的“酒”字，坛子的盖是打开的……学生的想象力是大胆而丰富的。只要我们足够民主，给足空间和权利，学生的想象力就会无限伸展，你会发现无限的离奇创想。正像教育家陶行知先生所说：“创造力最能发挥的条件是民主。当然在不民主的环境下，创造力也有表现，那仅是限于少数，而且不能充分发挥天才，但如果要大量开发人之创造力，只有民主才能办到，只有民主的目的、民主的方法才能完成这样的大事。”开放学生的心灵，解放学生的大脑，让学生大胆质疑，畅所欲言，集思广益，协作生成，合作创造。在合作解决问题，习得知识，提高能力的同时，促进学生间的互助协作和情感交流，共生共长。

然后是老师的有效参与。合作探究是以学生群体为主体的，小组的协调能力和分工合作至关重要。在合作探究的过程中，每一个成员都要有具体的任务，都要发出自己的声音，表达自己的独特见解，并能跟其他孩子的思维碰撞，观点交锋，生成更科学、更完善的观点或者概念。合作探究应该有一个动态生成的过程，在这个过程中教师不是放任自流，或者等待观望，而是要参与其中，观察倾听，了解学生讨论的焦点，合作的进程和效果等，发现学生在合作探究过程中存在的困惑和疑难问题，及时助力，点拨、引导、解疑，并将问题引向纵深或者是横向拓展，让学生的思考生长，想象放飞，观点升华完善，形成真知灼见。在这个过程中，师生和生生共同成长，共同提升。

最后是民主而中肯的激励性评价。有效的合作探究少不了及时反馈和评价。小组合作探究之后，我们提倡小组集体展示汇报，培养学生的团队精神和协作能力，就像正规的辩论会一样，有中心发言人，有第一辩手、第二辩手等。展示发言的学生要大方自信，观点明确，表达清楚。如果有表达不清楚或错漏的，队友就要及时纠正补充。台下的同学要认真倾听，及时回应，或感悟，或质疑，或补充，或延展，或提升，或评价等，台上台下互动生成。交流探讨要民主中肯，以激励为主，不能打击报复，胡搅蛮缠或出言不逊，要做到精彩展示，和谐探讨，文明辩论，形成文明和谐的合作探究文化。

3. 实践创新的课堂形式

语文是综合性和实践性很强的学科。单一的“灌输”、“说教”,脱离生活,远离实践的“闭门传教式”的语文教学,是没有根基的“纸上谈兵”,是违背语文学习规律的做法。著名教育家陶行知先生主张“生活即教育”、“社会即学校”、“教学做合一”。其中“教学做合一”是陶行知先生教育思想的精髓,他认为“做”是教和学的中心,也是教育的中心。“教学做合一”的实质就是教学和生活实践相结合。我们应以“做”为立足点,在“做”中“学”,在“做”中“教”。事情怎样做就怎样学,怎样学就怎样教。以做定学,以学定教。例如,学种田,就要在田中学,在田中教。再如学游泳,就要在水中学,在水中教。而不是在教室里空谈如何“种田”和“游泳”。“教学做合一”的主张强调了实践是获取知识和技能的重要途径,道出了培养学生动手操作能力的重要性。

卢梭认为,教学要通过与生活实际相联系,引导学生从生活中,从各种实践活动中学习,亲历过程,感悟体验,获得直接经验,最大限度地发挥学生的主观能动性,让学生自觉主动地进入学习,反对让学生单纯从书本上学习知识,或被动地接受成年人的说教。原苏联心理学家维果茨基的活动内化理论和皮亚杰的知识建构理论都指出,学生的基础生活经验基本上在主动的活动中建构自己的认知结构。

陶行知、卢梭等教育名家的教育思想和主张给“宽语文”课堂教学很多启示。“宽语文”主张语文与生活、与外部环境、与学生的实践活动紧密联系,提倡生活语文、活动语文、生命语文、生态语文,语文教学应该在学生的亲历和实践体验中得到丰满,在学生的创新中得到完善。

新课程倡导的一种重要的学习方式就是“探究性学习”。“宽语文”主张在生活实践和各种丰富多彩的活动中探究学习,充分尊重学生的自主性,营造民主、平等、和谐的教学氛围,最大限度发挥学生的积极性和主动性,引导学生勇于实践,大胆提问,通过动手操作,在操作过程中,在分析问题和创造性地解决问题的过程中,掌握知识和技能,发展学生的实践能力和创新能力。

中国学生发展核心素养,以培养“全面发展的人”为核心,以科学性、时代性、民族性为基本原则,分为文化基础(人文底蕴、科学精神)、自主发展(学会学习、健康生活)、社会参与(责任担当、实践创新)三个方面,六大素养。这是中国学生应具备的,适应终身发展和社会发展需要的必备品格和关键能力。其中，第六个素养就是“实践创新”的能力。

为了落实新课程理念，培养学生的核心素养，“宽语文”注重构建“实践创新”的课堂形式，打破传统的墨守成规的“盒子式”的课堂形式，开放课堂，开放课程，解放学生和老师，把课堂搬到青山绿水间，搬到大海边，把生活的元素、阅读的元素、学科的元素和科技的元素等有机整合，扩充课堂的有限空间，让课堂无限延展，通过创设各种情境，设计适当的活动和任务，让学生动手参与，亲历过程，感受体验，在玩中学，在做中学，通过观察、发现、记录、质疑、调查、分析、实验、总结等，在实践活动中学习知识和技能，发展语言和思维，提升审美、文化和品格。例如上《桂林山水》一课时，我把课文内容与深圳莲花山公园的山、深圳湾的水和学校的霸王棕树有机整合，开发一系列课程。从阅读《桂林山水》的文本入手，学习作者描写漓江水的“静、清、绿”和桂林山的“奇、秀、险”等特点的方法，对照观察莲花山的山和深圳湾的水，还有学校的霸王棕树，学习作者抓住事物的特点，用比喻和拟人的修辞手法，把事物描写得生动具体，形象逼真。学生利用周六日的时间和家长一起到莲花山和深圳湾观察记录，感受体验，真实而形象地把莲花山的山和深圳湾的水的特点描写得生动传神。最后，老师还带着全班同学到校园里观察霸王棕树，发现霸王棕树的特点，学习抓住事物特点描写事物的方法，把校园里的霸王棕树写活了。

霸王棕

老虎是森林的大王。霸王棕是不是树界的大王呢？

我们校园里有两排高大的霸王棕树，一进校门就可以看见，就像两排威武的卫兵，庄严肃穆地站立着，守卫着我们的学校。

你看霸王棕多么高大、挺直、威武而碧绿啊！

霸王棕真高大啊，两个小朋友手拉手才能围抱一圈，它高大而挺秀，直入云霄，就像一个巨人屹立在校园里，撑开无数的大手，给我们遮阴挡雨，让我们乘凉避暑。霸王棕真挺直啊，直得没有一条枝干旁逸斜出，就像擎天巨柱，威风凛凛地展示着自己的刚劲和力量，就像一个个英姿飒爽、英勇无畏的士兵，让人一看就生敬畏之心。霸王棕真翠绿啊，绿得鲜亮，绿得灵气，翠绿的羽扇叶里好像有无数的小生命在颤动，它穿着绿色的衣裳，在迎接着我们的到来，展示着它的灵动和美丽。你看，绿精灵正在树叶上提着绿莹莹的霓裳随风舞动呢。那是生命的跃动，希翼的舞动。一阵风轻轻吹过，羽毛一样的叶子就瑟瑟抖动，在微风里欢笑，舞蹈。

站在霸王棕树下，我抬头仰望，一种敬畏和仰慕油然而生。这树界的大王啊！

新洲小学五(5)班　吕乐

四、交往、灵动、共生的生态

课堂应该是一个交往、灵动、共生的生态场。传统的教学往往是教师讲，学生听；教师问，学生答。师生之间，生生之间，人与环境之间等，比较少有滋养生命的和谐生态的交往和共生关系。师生关系疏远、隔阂，甚至对立。师生关系紧张，体罚、谩骂、讽刺、打击、报复等不和谐的现象时有发生，甚至有学生群殴老师，杀死老师的事件发生。学校是学生的第二个家，学生待在学校的时间不比在家里少很多，尤其是一些寄宿学生，几乎天天以校为家。如果学校、课堂的氛围充满了火药味，充满了功利的压抑，就不利于师生身心的成长和人格的建树。学生是天使，学校应该是天使生活的地方，自由、民主、轻松、和谐，师生、生生之间以及师生和环境之间，学校里一切生灵都和平相处，共生共长。师生、生生之间平等沟通，真诚交往。

"宽语文"努力建构交往、灵动、和谐、共生的生态课堂，坚持"以人为本，人文共进，和谐发展"的宗旨，创设轻松、民主、平等的人文环境，解放学生的双眼、大脑、双手双脚、嘴、空间和时间，让学生的心灵呼吸，生命舒展，让学生的想象放飞，思维发散，情感激越，以十二分的热情投入学习活动之中，自觉主动，兴趣高昂，充分调动了学生的主观能动性，让学生真正成为语文学习的主人，充分享受学习活动的快乐。在这个过程中，我们加强语文教学与学生学习、生活世界及其经验世界的联系，关注学生对语文学习的独特感受和体验，提高学生的听说读写能力，提升学生的批评性思维和创造性思维品质，提升学生的语文核心素养。巴尔扎克说过："灵魂要吸收另一个灵魂的真诚来充实自己，然后以加倍的真诚奉还于人，一旦人与人之间缺少了这种美妙的关系，就失去了生机。”“宽语文”就是用一个灵魂真诚地唤醒另一个灵魂，两两共鸣，充实丰满之后，再去唤醒更多的灵魂，让每一个灵魂在和谐交往，共生共长中焕发出生机和活力。

1. 交往的课堂生态

构建交往的课堂生态最首要的条件是建立民主、平等、尊重的师生和生生关系。第二是要学会倾听和回应，把握倾听和对话的技巧。例如，倾听别人说话时，要看着别人的眼睛，用心听，不要随意插嘴，适时适度回应，真诚相对。第三是要文明交往，和谐沟通。学会好好说话，要注意交往和沟通的口吻、语气、语调等，还有沟通的方式和内容，本着互相尊重的原则，用平和、友善的口吻说话，不冲、不嘲、不伤，让对方听了感觉舒服。声音不要太大，对方能听清楚即可，不要影响周围的人。第四是合作交流，互问互答。长期以来，我们已经习惯了教师提出问题，学生来回答问题，但是学生提出问题却比解决问题还要重要。“宽语文”课堂坚持训练学生自主提出问题，自学探究，解决不了的问题就进入互问互答的环节，虚心向同伴求教。在向同伴求教时，要用文明礼貌用语。例如，“请问……”、“谢谢你的回答……”、“谢谢你，我会考虑你的建议……”、“你回答得很清楚，很具体，向你学习……”、“你对我的回答满意吗?”、“不是很满意，有哪位同学来补充?”等，不要小看这些看似无足轻重的话语，却可以透视学生交往的教养。中国学生发展核心素养有一个方面是“社会参与”，作为一个社会人，参与社会的基本技能就是交流沟通能力。学生的交流沟通能力就是要在学习和生活的细节中养成，做到潜移默化，润物无声。长期渗透交流沟通的教养培养，对学生进行文明、礼貌、随和、得体的交往训练，学生的气质、人格、性情等会得到有效的熏陶和感染。

2. 灵动的课堂生态

灵动的课堂是有灵气的、互动的、生成的、生长的课堂。不是单向的灌输，而是双向的互动交往，思维的碰撞生成，观点的交集争锋，心灵的回应共鸣。在灵动的生态课堂里，教师和学生都是课程的开发和建设者，充分发挥师生的聪明才智，连接生活经验和阅读经验，整合自然、社会、家庭和各学科的资源，融合、筛选、提炼、创新、建构，形成新的课程内容。而且课程的内容是根据学情、教情及时不断精简、充实和调整的，就像一潭活水，“问渠那得清如许，为有源头活水来”永远是灵动的，有生命力的，有活力的。课程实施的形式也是丰富多彩的，适合学生的学习和发展。课程里的“人”，学生和教师也是灵动的、自由的、富有思考力和创造力的“人”，永远是灵动的、生成的、有生命力的、有创意的。

“宽语文”的课堂上，我们非常注重培养学生的质疑能力，每一节课都让学生提出问题，带着问题自主探究，用适合自己的方法去解决问题。没有办法解决的问题，才向同伴或老师求助。在解决问题的过程中学会分析、推理、审辩、总结，学会同伴互助，学会互教互学，学会观察、思考、提问、应答、倾听、阐释、复述、概括、总结等学习技能。在整个学习过程中学生和老师都全身心投入，保持思考的状态，积极动手操作实践，经历困惑、茫然、凝滞、开塞、顿悟、豁然、激励、创造、升华的过程，思潮激涌，活跃灵动，联想万千，创意无限。

例如，教学《鲸》一课前，我让一个学生到黑板上画了一条鲸鱼。这个学生画了一条巴掌大的鲸鱼，在黑板上显得特别小。许多同学都哈哈大笑，都说不像。老师让同学们思考之后进行创意修改。一个学生在小鲸鱼的鱼鳍和鱼尾巴部分做了改动，小鲸鱼变成了一只小金鱼。同学们见了都哄堂大笑，笑得那位同学很不好意思。我赞赏这位同学的即兴应变和修改能力，因为他画的小金鱼活灵活现。我还让他看着自己的画，说说小金鱼的特点，然后引导学生对照小金鱼，阅读课文，找出大鲸鱼的特点。学生的兴致很高，纷纷自主阅读，圈画批注，很快就找出了鲸鱼的特点。我给每个孩子一张 A4 白纸，让他们在白纸上图文并茂地进行创意设计，把自己对鲸鱼的特点和生活习性用自己喜欢的方式设计出来，有些孩子还把说明方法设计在相应特点的旁边，还有些孩子把小金鱼和大鲸鱼比较着设计。个别孩子画的是思维导图。我让孩子们在小组内和全班上交流分享自己的创意设计，补充完善，在互帮互学、互相借鉴的过程中成长起来。最后，我让孩子们用学到的写鲸鱼的方法，写一种自己喜欢的鱼，允许小组共同创作。孩子们共同协商之后创作出来的文章更全面，特点刻画更细腻，方法更多样，文章更生动具体，真正放大了自主学习、合作探究的效率。

3. 共生的课堂生态

“共生”原来是一个生物学的概念。德国植物病理学家安东·豆·培里认为：“共生是不同生物密切生活在一起。”吴飞驰在《关于共生理念的思考》中指出：“共生是人类之间、自然之间以及人与自然之间形成的一种相互依存、和谐、统一的命运关系。”

“共生双方通过相依为命关系而获得生命，失去其中任何一方，另一方就不可能生存。”我们认为，在教育中的共生关系，就是所有的教育因子或元素之间相互依存、互惠互利，优势互补，个性发展，各美其美，美美与共。

共生课堂生态是以学生的“学”为核心，由教师、学生、课程、环境与技术共同组成的一个生态系统。共生课堂生态中的每一个因子之间都是不断地相互联系、相互对话、互相融合、相互促进、共生发展，课堂生态就得到一种平衡，这种平衡会促进每一个课堂生态因子的优化和发展。具体的做法是通过建立学习共同体，学习共同体不仅重视学生的主体性，还重视教师的主导性，关注主体间性，建立互教互学，优势互补，共同发展的学习共同体，放大课堂生态中的每个人，每个因子的能量优势，让课堂能量流动畅通，形成课堂良性生态循环，推动课堂学习的发展和生命的成长，实现课堂生态人尽其才、物尽其用，各美其美、美美与共的共生境界。

共生的课堂生态形成了七种关系：教师与学生的关系；学生与学生的关系；教师与课程的关系；学生与课程的关系；教师与环境和技术的关系；学生与环境、技术的关系；课程与环境和技术的关系。处理好这些关系是维护课堂生态共生的基础。

(1) 教师和学生的关系以及学生和学生的关系

在共生的课堂生态中，教师与学生，学生与学生之间应该是一种互相适应、互相尊重、互相欣赏、互相依存、优势互补的关系，教师与学生，学生与学生之间形成学习共同体。通过各种层次、各种形式的互动、沟通、补充，形成师生的共识、共享、共进关系，使教师与学生的智慧、情感、价值观指向一致、融为一体。教师认真研究学生的心理规律和认知规律，了解学情，以学定教，因材施教，指点迷津。学生认真倾听，思考审辩，思维碰撞，合作生成、智慧彰显，生命绽放。在这个学习共同体里，师生、生生之间优势互补，最大限度地放大自己的优势能量，个性发展，共同成长，促进课堂生态的和谐共生和深度发展。

(2) 教师与课程的关系以及学生与课程的关系

课程的目标设计得合理，教材的编排符合学生心理发展规律和学习规律，就能有效促进学生在课堂上的发展。老师和学生在使用教材的过程中，会对教材进行补充、改进和完善。教师和学生与课程之间是一种相互依存、相互促进的关系。在共生的课堂生态中，教师和学生都是课程的开发者和建设者，不能把教材视为唯一的教学资源，把教材等同于课程，等同于教学，要创造性地使用教材，发现教材的优点、缺点和问题，根据学情科学地取舍和增添，合理地改进和重组教材，让教材发挥最大效能。还要加强语文与生活、与大自然、与阅读的联系，把经典阅读、生活文化和自然景观纳入教材，整合开发开放而富有活力的语文课程资源，在开发和建设课程的过程中学习知识，提高能力，发展素养，提升生命质量。例如，我们把经典的传统文化与语文教材有机整合，设计国学经典晨诵课程和经典童书日读课程。国学经典晨诵课程，就是每天利用早读时间，引导学生配乐晨诵国学经典。根据不同的年级，我们选择了《三字经》、《弟子规》、《声律启蒙》、《千字文》、《论语》、《孙子兵法》、《道德经》、《古文观止》、《唐诗三百首》等传统文化经典读本。经典童书日读课程就是利用每天晚上的半个小时，安排亲子阅读经典童书。我们选择的经典童书主要是荣获国际金奖和银奖的童书。部编教材有一个新的设计“和大人一起读书”。“宽语文”每天都有“和大人一起读书”，那就是“经典童书日读”课程。除此之外，我们还引导老师和学生一起开发自然常识课程、生活语文课程和科际语文课程，在生活中和各科的学习中学语文，用语文，凸显语文的综合性和实践性，提高语文核心素养。

(3) 教师与环境、技术之间以及学生与环境、技术之间的关系

合理温馨的环境和科学合适的技术可以助力教学效率。教师要合理设计教学环境，营造温馨和谐的教学氛围，让学生置身其中犹如舒适的家，快乐的乐园，教室应该是学生心灵成长的温馨而快乐的精神家园和文化乐园。每一位教师都应该精心打造教室文化、课堂文化和班级文化，包括桌椅的排放，灯光的强弱，墙壁的装饰，多媒体技术的运用等硬文化，以及班风、学风，班级管理制度等软文化的设计等，都要考虑周全。因为环境和技术用得好，就会直接提高教学效率，否则会适得其反。例如，近几年来，教育技术飞速发展，多媒体进入教室，“互联网＋”不再是梦，现代化的媒体技术，声光电的交叉刺激有效提高了教学效率。但是，我们有些老师过度依赖多媒体设备，上课只要按照课件直接播放即可，甚至连备课和板书都省去了，造成了专业化能力的退化。而学生长期在多媒体的电光声的刺激下，有的学生会出现心躁的现象。其实，多媒体不是越先进越好，越贵越好，而是越适合学生的学习越好，就像鞋子不是越贵越好，而

是越合脚越好一样。精心打造课堂环境，合理使用多媒体技术，才能提高教学效率，否则就是物质的浪费，破坏了节约资源和持续发展的理念。

“宽语文”的课堂非常注重“洁净、优美、书香、温馨”的环境设计和“尊重、和乐、智慧、创新”的氛围的营造。教室里课桌椅的摆放形成 8 人大组，四人小组，两人师徒结对的学习共同体，最大限度地发挥传帮带的作用，放大学习效率。在教室里我们以书香翰墨做底色，以小组合作展示墙做主色调，以丰富多彩的课堂文化活动做花絮，其间还点缀着学生的个性化创意设计，形成一幅慧美启智的课堂环境文化画卷。

(4) 课程与环境、技术的关系

课程的实施需要环境和技术的支撑，尤其是一些特殊的课程，需要多媒体光声电的配合设计开发，例如教材配套光盘，多媒体动画课件，电子音像书籍等就是课程与技术有机整合的作品。随着课程资源的不断开发和丰富，也带动了环境和技术的改善和发展，并反过来服务于课程开发，使得课程资源不断走向完善和丰富。

共生课堂生态的最大特点就是让每个生态因子都能得到最大限度的个性化发展。课堂生态系统中的每个因子之间都相互作用，相互促进，优势互补，共同发展，包括教师、课程、环境与技术都能获得积极而有效的发展，达到“人尽其才、物尽其用，各美其美，美美与共”的理想境界。

五、宽容、宽厚、和合的文化

1. 宽容的课堂文化

“宽容”在《现代汉语词典》中的意思是大气，不计较，不追究。“海纳百川，有容乃大”这是宽容的第一种境界，包容一切的境界；第二种境界是“宽柔以教，不报无道”的赏识他人的境界；第三种境界是“闻过则喜，闻善则拜”的尊重异议的境界；第四种境界是“以直报怨，报怨以德”、“世界以痛吻我，我却报之以歌”的超然境界。[①] 宽容才能博大，博大才能精深。宽容的心态，宽阔的胸怀，才能承载一切，包容一切。世界上最宽阔的是海洋，比海洋更宽阔的是天空，比天空更宽阔的是人的心。人有一颗宽容之心，心中每天都充满着阳光，充满着快乐。教育必须体现对每一个生命的宽容，宽容学生，宽容老师，让宽容的文化盈富课堂，让宽容的精神沉淀在每个学生和老师的心里，润泽他们的心灵，丰润涵养着课堂的独特品质，让课堂如荷一般祥和，如风一般清扬，如水一般滢润，让课堂里每一个心灵都能呼吸，生命都能舒展，都勃发生机和活力，彰显生命的本色。

宽容能创造自由宽松的课堂环境，让每一个生命在课堂里都有安全感。每一个生命都能展现自己的个性，都能发出自己最真实的声音，他们不必担心指责、训斥或者惩罚。每一个生命在课堂里都受到充分的尊重、欣赏和鼓励，不会因为错误而诚惶诚恐，提心吊胆，因为老师是宽厚而亲和的，他们真诚地表扬和欣赏每一个学生，

---

① 张俊华：《教育宽容的四种境界》

宽容每一个学生的错误和缺点;同学是平和而友好的,他们真心交往,倾心沟通,每一个人的身心都处于自由、轻松、安全、舒适的状态,每一个生命在这样的尊重和鼓励下,充分释放其潜藏的能量,每一个生命的质量都在宽容中全面提升,人性中最美好,最深切的禀质都得以展现,尊重人性的多样和差异,宽容人性的弱点,点亮人性的光辉。

宽容的课堂文化使师生的身心都浸润在轻松和愉悦之中,更容易使师生敞开心扉,亲密交流和沟通,走入彼此的内心,心心相印,动之以情,晓之以理,导之以行,教育便成了春风化雨、润物无声这般自然。当然,我们所说的宽容不是没有度的宽容,不是没有原则的放任和纵容,更不是违背良心和丧失人格的认同,而是有适度惩戒,有原则匡制的宽容,让学生也体验羞愧、痛苦和悔恨的感觉,从而对是非善恶、真假美丑有刻骨铭心的理解和体验,从而努力去匡正自己的不良思想和行为,形成健康心理和阳光的性格,树立高尚的人格。

2. 宽厚的课堂文化

"宽厚"有广博深厚的意思。《周易·易传》对"宽厚"有较全面的阐述,指的是天宽地厚的精神。"天",宽阔无边,包容万物。"地",厚重辽远,滋生万物。茫茫宇宙,世界万物,生生不息,正是因为有了天宽地厚,有了博大厚重。《周易》有两句话:一句是"天行健,君子以自强不息"(乾卦);一句是"地势坤,君子以厚德载物"(坤卦)。明代薛宣说:"惟宽可以容人,惟厚可以载物。"宽容方可海纳百川;厚重方可承载万物。宽厚的课堂文化是师生生命成长的沃土。课堂不是一个知识的收纳室,而是一个文化大染缸,是一个孕育生命、滋养生命的摇篮,是一个创新思想生发的"核反应堆"。课堂来不得一点狭隘、单一、僵化,否则凝固的不仅仅是知识和认识,更是思想和灵魂。叶澜教授认为:"充满生命活力的课堂对师生来讲,具有无限的可能性。在这样的课堂上,师生不仅仅是在教和学,不仅仅是在认识世界,不仅仅是在利用已有的文化资源,不仅仅是在围绕着书本转,而更为重要的是,他们的生命向着无限的可能性开放。这样的课堂教学是真正地在育人。"[①]宽厚的课堂文化,就是让课堂回归对生命的尊重、理解和

① 叶澜:《"新基础教育"论——关于当代中国学校改革的探究与认识》,教育科学出版社,2006年

关怀，反思和批评轻视生命、践踏生命的教育观念，让生命充分生长和蓬勃，让心灵充分呼吸和舒展，凸显生命主体价值，焕发人性光辉。宽厚的课堂文化让课堂焕发生命活力，让班级充满生长的气息。

3. 和合的课堂文化

“和合”最能体现中国精神文化的核心和精髓。“和”就是指祥和、和谐、和平；“合”就是指合作、融合、合生。“和合”就是大自然、社会、人的和谐共生。人的身心、人际关系、社会文明等理想的状态。“和合”文化主要表现为“天人合一”和“中庸”。“天人合一”就是指人与自然关系的和谐；“中庸”指的是人际关系祥和。季羡林先生认为：“天，就是大自然；人，就是人类；合，就是互相理解，结成友谊。”“天人合一”旨在承认人与自然的统一性，反对将它们割裂开来。“中庸”则强调对待事物关系要把握一个度，以避免对立和冲突。其实，这也是提倡“贵和”、“持中”的和谐意识，有利于处理现代社会各种矛盾，以保持社会的稳定。《周易·文言》明确提出：“与天地合其德，与日月合其时，与四时合其序，与鬼神合其凶吉，先天而天弗违，后天而奉天时”的顺应自然的“与天地合德”的思想。总之，“以和为贵”、“亲仁善邻”、“协和万邦”这是中华民族与世界各国人民友好相处的传统道德基础。

课堂就是一个小社会。“和合”的课堂文化是构建班级文明、和谐班级文化的基础，也是构建和谐课堂小社会的基础。在这样的班级小社会里，老师和蔼可亲，亲和耐心，同学团结友爱，说话和气，老师和学生不是亲人胜似亲人，大家相亲相爱，组成一个温馨幸福的班级大家庭。

“和”就是指祥和、和谐、平和。课堂需要民主、平等、祥和、和谐的氛围，师生、生生之间互相尊重，教学相长，共生共长。老师和学生说话的态度要亲和，语气要平和，学会好好说话，不怒，不吼，不嗔，不烦，不怨，不嘲，亲切平和，和蔼可亲，循循善诱，娓娓道来，用真心、耐心和恒心去对待学生，学会用商量的口吻与学生交流，倾听学生的心声，尊重学生独特的体验，鼓励学生发表自己独到的见解。“河东狮吼”、“耳提面命”、“威逼恐吓”、“冷嘲热讽”的“警察式”和“唠唠叨叨”、“苦口婆心”、“严罚厉批”的“保姆式”老师形象都不是美好的教师形象，会造成师生关系紧张，不利于学生的身心发展。

在网上不乏教师不良形象的调侃小段。教师在学生心里、眼里的形象不容忽视。

有的教师不修边幅，严厉刻板，整天板着脸孔，一进教室就大呼小叫，骂骂咧咧，满堂说教，一副“黑包公”、“母老虎”的脸孔，在学生的心目中留下不好印象，师生关系紧张，对学生的学业成绩和身心发展都会造成不良影响。亲其师则信其道。祥和的课堂文化是师生生命成长的重要保障。

“合”就是指合作、融合、合生。教学相长就是师生、生生之间合作探究，在探究问题的过程中，教师是学生学习的组织者和引导者，学生从教师的讲解中习得知识，从教师的引导和启示中深入思考，获得智慧。与此同时，学生在课堂上的思维火花，突发奇想，解题时的另辟蹊径，回答问题时的出人意料，都闪烁着智慧的灵性，值得教师深入思考、探究和学习，并在思考、探究和学习中不断充实自己，提高自己，使自己更趋向成熟。教学相长就是师生、生生在合作中融合、碰撞、互补，合生共长，最后达到彼此知识的丰富，思维的创新文化的丰厚，达到彼此精神生命的丰实圆满。

例如，娜娜小朋友的一个回答，令我重新思考自己的教学理念，改变了自己的教学方法，在一年级就开始让孩子们大胆提出问题，互问互答，合作分析和解决问题。事实证明，我的做法是正确的，因为一年级的孩子有强烈的好奇心和求知欲，往往有打破砂锅问到底的欲望和决心。顺应学生的这个性格和心理特点，让学生大胆提出问题，触发学生思考和探索的欲望，能有效调动学生学习的积极性，收获良好的教学效率和效果。正如赞科夫曾说过：“教学法一旦触及学生的情绪和意志领域，触及学生的精神需要，便能发挥其高度有效的作用。”尤其是设计了互问互答的环节，让学生从未知中去探寻，互相追问，思维碰撞，即兴生成我们无法预料的思维的异彩和思维的火花。在学生互问互答的过程中，学生的语言和思维都得到了很好的发展和提升。与此同时，我们会发现，学生提出来的问题，以及学生对问题的解答绝对是儿童化的，是童心的率真呈现。站在儿童的视角，关注儿童的心理感受，倾听儿童的心声，这才是真正的尊重儿童。儿童的思维与成年人是绝对不同的。一篇小短文《太阳花》，描绘的是太阳花的美。一位小男孩儿问：“太阳花为什么是五颜六色的呢？”我曾经在给青岛、贵州和河南的名师做讲座时，提出这个问题让名师们回答。名师从物理学、化学和生物学的角度去回答这个问题。而我们的小朋友是这样回答的：“太阳花要把这个世界打扮得更加美丽，所以它是五颜六色的。”娜娜小朋友回答：“因为太阳花臭美呗，就像我妈妈，有时穿红色的衣服，有时穿白色的衣服，有时穿紫色的衣服，还有时穿粉色的衣服。”多么美妙的回答啊！在儿童的世界里，一切事物都是如此神奇美妙。这就是童话，这就是童心和童言。成年人根本不会有如此离奇的想象。这就是成年人与儿童的区别。当然，一开始儿童提出的问题是十分幼稚的，甚至是可笑的，那也未尝不可，在老师的引导下，在同学的补充和建议下，儿童提出来的问题会渐渐变得有思考的价值，提出来的问题会越来越有意义。提出问题比解决问题更重要。提出问题可以培养儿童的问题意识，激发学生求知和探索的欲望，有了欲望才会有内驱力，内驱力才是儿童学习和求知的原动力。在原动力的驱动下，经过互问互答，合作探究，思维碰撞，观点交锋，引向纵深，就会不断刺激求知欲望，使求知的欲望不断升级，使原动力始终保持鲜活的持久性，这就是探究学习的毅力，也是学习中重要的品质之一。

第三章 课堂，张力的空间

课堂不是窄小而平面的空间，而是宽广的、立体的，富有弹性和张力的舞台，任意每一个生命自由自在，尽心、尽情、尽兴地舞蹈。课堂里的每一个生命都是课程资源。宽语文打破一本教科书的神话，打破学科壁垒，加强语文与大自然、与社会、与家庭、与各学科之间的联系，建设“开放而有活力”的语文课程，努力打造“开放、整合、灵动、创新”的语文课堂。

课堂不是窄小而平面的空间，而是宽广的、立体的，富有弹性和张力的舞台，任由每一个生命自由自在，尽心、尽情、尽兴地舞蹈。语文课堂不应该仅仅是传授和学习语文知识，课堂里的每一个生命都是课程资源。建设“开放而有活力”的语文课程，打破一本教科书的神话，打破学科壁垒，加强语文与大自然、与社会生活、与各学科之间的联系，树立大语文教育观，将语文教学建设成立体多元的课程体系，突出语文课程的综合性和实践性。《义务教育语文课程标准》(2011 年版)：“语文课程的建设应继承我国语文教育的优良传统，注重读书、积累和感悟，注重整体把握和熏陶感染；同时应密切关注现代社会发展的需要。拓宽语文学习和运用的领域，注重跨学科的学习和现代科技手段的运用，使学生在不同内容和方法的相互交叉、渗透和整合中开阔视野，提高学习效率，初步养成现代社会所需要的语文素养。”“语文课程应该是开放而富有创新活力的。”杜绝学科本位和知识本位。

一、树立儿童课程观

“儿童的生活是一个整体，一个总体。他敏捷而欣然地从一个主题到另一个主题，正如他从一个场所到另一个场所一样。但是他没意识到转变和中断，既没有意识到什么是割裂，更没有意识到什么是区分。儿童所关心的事物，由于他的生活所带来的个人的和社会的兴趣的统一性，是结合在一起的。凡是在他的心目中最突出的东西就暂时对他构成整个宇宙。那个宇宙是变化的和流动的，它的内容以惊人的速度在消失和重新组合。但是，归根结底，它是儿童自己的世界。它具有儿童自己的生活的统一性和完整性。儿童一到学校，多种多样的学科便把他的世界加以割裂和肢解。”①传统课堂的学科本位和知识本位，严重割裂和肢解了儿童生活和认知的整体性和统一性。我们长期教授的大部分是碎片知识，我们习惯把一篇课文肢解成两三个课时，每节课就教一个课时，把课文进行细致的解剖分析，从字词句的理解，到分段写段落大意，归纳中心思想，还有写作特点的分析等，只见树木，不见森林，完整优美的文本被老师讲解分析得支离破碎。毛泽东同志在《实践论》中指出：“任何知识的来源，在于人的肉体感官对客观外界的感觉”，“只有感觉的材料十分丰富（不是零碎不全）和合于实际（不是错觉），才能根据这样的材料造出正确的概念和理论来”。因此，我们提倡树立宽语文儿童课程观，根据儿童的心理发展和认知规律，开发建设一系列适合儿童发展，提升儿童核心素养的宽语文课程体系。

---

① ［美］约翰·杜威：《学校与社会．明日之学校》，赵祥麟、任钟印、吴志宏译，人民教育出版社 1994 年

二、把儿童放在课程中央

美国教育家和思想家杜威是“儿童中心”学派的代表人物，他通过批判传统“课堂、教材、教师”旧的三中心说，提出了“社会、活动、儿童”的新的三中心说。“社会、活动、儿童”是杜威课程论的“三个中心”，从“课堂”到“社会”，从“教材”到“活动”，从“教师”到“儿童”，将儿童放在课程的中央。在他看来，最好的教育就是儿童“从生活中学习”、“从经验中学习”。陶行知在研究杜威教育观的基础上提出“三个打破”大教育观：一是打破学校和社会的界限，主张“生活即教育”、“社会即学校”，提倡学校向社会开放，构建学校和社会密切联系的宏观教育体系；二是打破生命的个体教育时限，主张终身教育；三是打破知识和实践的界限，把知识的传授和综合实践活动有机结合，主张“教学做合一”。这“三个打破”是从人的全面、整体发展和终身发展去考虑的大教育观。陶行知认为课程的开发和利用是教育的中心与根本。“自然、社会、生活”是他课程资源观的三个关键词，陶行知的生活教育观是我们课程开发与建设的活水源头。宽语文根据“时时处处是语文”、“语文无处不在，无处不有”的开放的、生活化的教育思想，立足新课程的“必修课、选修课、综合实践课”一体化的大课程观，以及语文课程标准“建设开放而有活力的语文课程”的要求，树立课内外、校内外沟通，语文学科与自然、与社会、与各学科之间联系的具有学科性、开放性、实践性和生成性的大语文课程观，充分挖掘课内外资源，坚持实践整合、动态生成的课程观，构建一个符合素质教育要求的，以学生的全面发展和终身发展为目标的开放的大课程体系，包括学科课程和整合性课程、综合实践性（活动）课程、生成性课程、潜隐性课程等校本和生本课程。“生活、阅读、实践、学生”是宽语文教育课程观的四大要素。“生活”是基础、是背景、是源泉；“阅读”是前提、是准备、是资源；“实践”是方式、是中介、是手段；“学生”是主体、是中心、是根本。“生活”是语文教育的广阔舞台，也是语文教育取之不尽用之不绝的源泉。“问渠那得清如许，为有源头活水来。”生活是语文教育的活水源头。语文教育源于生活，高于生活，并服务于生活。教育要走进生活，不仅仅是事实上的走进，更是实际意义上的走进，是“意义”层面的联系生活。正如陶行知所说：“生活教育是运用生活的力量来改造生活，他要运用有目的、有计划的生活来改造无目的、无计划的生活。”“阅读”是语文课程丰富的资源，也是语文课程开放的前提和准备。学生的生活应该是读书的生活。没有大量的阅读实践，学生的精神世界就会荒芜，情感就会枯竭。如果学生生活是活水源头，那么阅读就是学生的精神食粮和学生生命、人格的着色颜料。“腹有诗书气自华”，有书的课程才是有文化的课程，注重阅读的课程才是有底气和底蕴的语文课程，也才是有根的课程。宽语文主张“做中学”、“玩中学”，把儿童放在课程的中央，以儿童的“实践”为根本，这与陶行知的“做”是相吻合的。陶行知强调的“教学做合一”，是以“做”为中心的一个整体过程，“做”便是实践。宽语文教育坚持“实践第一”的课程观，学生是课程的实施者，同时也是课程的开发者和课程资源。学生是有个性思想和独立思维的个体，作为课程的主体，他们不是被动地接受课程，接受知识，而是通过自主探究与合作探究，有选择性地、有批评性地吸纳并与自己的阅读经验和生活经验对接，创造性地整合、内化，构建能体现自己独特思想和个性特征的知识体系。①

传统的语文教学把语文课程等同于教材，等同于课本，语文教学内容就是课本的内容，一个学期就教一本语文课本。陶行知先生认为“书是一种工具”。他认为好的教科书应该是：“过什么生活用什么书，做什么事用什么书；要活的书，不是死的书；要真的书，不是假的书；要动的书，不是静的书；要用的书，不要读的书。”他从能否引导人“实践、思考、创造”等三方面考虑教材的价值，强调教材的实践性、应用性和创造性。借鉴陶行知先生的教材观，根据语文课程标准的要求，宽语文教育把教材看成语文学习的一个例子，以教材作为蓝本，根据不同的地域和学生的特点，创造性地进行教材的调整、重组和再创造，创造性地活用教材，致力于儿童宽阅读和童心作文等课程的开发与建设。

---

① 郑冬梅：《聆听生命花开的声音：小学开放语文教育的研究与实践》，海口：海南出版社，2010 年

三、课程,让课堂更有张力

义务教育语文课程标准(2011 年版)的前言中明确指出,要"努力建设开放而有活力的语文课程"。"语文课程的建设应继承我国语文教育的优良传统,注重读书、积累和感悟,注重整体把握和熏陶感染;同时应密切关注现代社会发展的需要。拓宽语文学习和运用的领域,注重跨学科的学习和现代科技手段的运用,使学生在不同内容和方法的相互交叉、渗透和整合中开阔视野,提高学习效率,初步养成现代社会所需要的语文素养。"

宽语文的课程观主张"一中心,两支柱,三联系",以"学生的主动、健康、和谐发展"为中心,搭建"生活和阅读"两支柱,加强语文与大自然、与社会、与各学科的联系,与义务教育课程标准提出的课程观是一致的。宽语文课程具有"开放、整合、灵动、创新"等特点。课程内容的宽广,课程形式的宽松,课程评价的宽容,课程文化的宽厚,在宽语文课程的实施过程中,除了语言的建构,思维的发展,审美的提升,还关注语文课程润泽心灵,滋养生命的"健心、育心"功能。

(一) 儿童阅读课程

义务教育语文课程标准(2011 年版)课程设计思路的第二条指出:"语文课程应注重引导学生多读书、多积累,重视语言文字运用的实践,在实践中领悟文化内涵和语文应用规律。""背诵优秀诗文 240 篇(段)。九年课外阅读总量应在 400 万字以上。"

部编教材要解决的主要问题就是不读书的问题，从小学到高中新增经典古诗美文208篇，把中华民族优秀传统文化中的经典名篇纳入教材，成为必读、必背的篇目，还在课程的编排上新增加“快乐读书吧”、“和大人一起读书”两个栏目，把优美的文章和经典的整本图书阅读引入教材，增加阅读篇目，扩大阅读量，还加强了亲子阅读。

儿童阅读可以强大一个民族。阅读是语文教学的首要任务，也是重要任务，要学好语文就必须加强阅读。宽语文课程打破一本教材的单一课程模式，对原有的教材进行重新整合，把与课文相关的古诗、现代诗、儿童诗、国学经典以及经典美文、名著、童书等都整合到一起，汇编成同步阅读丛书，一篇带多篇，一本带多本，不仅提倡宽度阅读，还提倡深度阅读，阅读不仅是量的叠加，更是质的提升；提倡行走的阅读，提倡同伴阅读，建立阅读共同体，培养阅读、思考、积累、批判、活用的兴趣和习惯，发展思维的整体性、连续性、批判性和长久性，让阅读交往生长起来，让个性创新起来，始终把好高效的读写关。宽语文注重教育的场效应和染缸效应，通过营造浓郁的读书氛围，设计开发《国学晨诵课程》、《课前三分钟童谣童诗课程》、《名师讲堂义教课程》、《宽语文读写365天课程》、《亲子30分钟经典童书阅读课程》、《阅读疗愈课程》、《绘本读写课程》等，把课内外阅读有机整合到一起，让阅读成为学生的生活习惯，就像每天都要喝水一样重要，让学生浸染在书香的大染缸里，感悟、体验、熏陶、提升，读书明理，读书华质，读书启智，读书慧心……

例如，我们从2014年1月开发的“名师讲堂义教课程”，在深圳市少儿图书馆一楼多功能厅举行，每个月一期，每期由工作室的三位名师主讲，讲堂的内容主要是荣获世界金奖和银奖的童书。讲堂的活动形式有名师讲授，有台上和台下的互动交流，有学生的表演和创作，还有每年的学生作品评奖等活动。我们已经开展了四年多，一共开展了五十一期。每一期都有两百多个家长和孩子聆听，场场爆满，反响很好。我们以“快乐阅读，个性创作”为主题，用阅读点亮孩子们的心灯，从阅读的重要性、培养阅读兴趣、共建亲子阅读到自由阅读、个性解读和绘本阅读与创作，从兴趣到内容，从方法到评价，给予家长和孩子们各种关于阅读的引导和指导。郑冬梅老师跟家长分享了有效陪伴孩子读书的方法，其中的“席地阅读”、“阅读的染缸效应”、“移兰入室，兰馨华质”等观点给家长留下深刻的印象，她认为陪伴孩子读书要做到“沉心陪伴，亲子共读”，阅读要与思考、质疑、想象和创作联系起来，把阅读、积累、运用三者紧密结合，在家长的引领下读书，听书，说书，写书，演书，编书，画书，唱书，评书等，让孩子因为阅读而丰富，因为阅读而快乐，因为阅读而智慧。郑冬梅老师还以曹文轩的《青铜葵花》为例，引导家长和孩子们从封面的阅读到作者简介、人物介绍、目录，以及每个章节的主要内容，重点在部分章节精彩片段的赏读上，和家长、孩子们一起细细品读，联想感受曹文轩老师语言的隽美和灵动，感受小说中人物面对灾难的坦然和乐观，从而懂得尊重痛苦，笑迎痛苦。正像曹文轩老师说的，“每一个时代的人，都有每一个时代的痛苦，痛苦绝对不是今天的少年才有的。少年时，就有一种对痛苦的风度，长大时才可能是一个强者。”用《青铜葵花》的阅读给孩子们打下大美、大爱、大善的生命底色。李林红老师的《不动笔墨不读书》，介绍了在阅读的同时，如何勾画、批注，做读书笔记等方法，让孩子们知道读书要及时积累，厚积才能薄发。刘芳老师跟家长和孩子们分享绘本故事《忘了说我爱你》、《怎么做才对》、《狼来了》、《猫熊澡堂》等，她用音乐渲染情景，声情并茂地给孩子们讲故事，其间或戛然停止，设计悬念，提出问题，激发学生思考；或留下空白，引发学生想象，训练孩子们的想象力和语言表达能力，给孩子们设计“寻找思维”和“速记情节”的训练。我们还举办了儿童作品个性解读展示活动，以曹文轩的《青铜葵花》为蓝本，引导孩子们在阅读之后，用阅读卡、手抄报、读后感、诗词创编、歌舞、情景剧、朗诵等形式尽情演绎书中的精彩和自我的感悟。新洲小学郑冬梅老师指导的情景剧《妈妈去哪儿》，全海小学杨琴老师指导的歌舞剧《美丽的痛苦》，福华小学叶素菊老师指导的朗诵《善良青铜 幸运葵花》这三个节目给观众留下了深刻的印象。新洲小学的情景剧《妈妈去哪儿》把书中人物的生活与现实人物的生活有机联系，编导了一出小楠妹妹的变形记。另外，他们的手语舞蹈《朵朵葵花向太阳》所展现出的动感的节奏、优美的肢体语言夺人眼球。全海小学歌舞剧《美丽的痛苦》里优美的旋律、动人的诵读，配上令人如痴如醉的舞蹈，让书中的人物活灵活现。福华小学朗诵《善良青铜 幸运葵花》用美丽而忧伤的背景音乐、催人泪下的诗歌诵出了青铜的善良与聪慧，葵花的幸运与懂事，诵出了青铜、葵花一家人那种面对苦难时的镇定自若与乐观坚强。可喜的是，我们的“名师讲堂”活动还得到福田区培训中心王华斌主任的大力支持。王华斌主任亲自带着儿子王少楠参加我们的活动，让儿子多做公益，多参加社会实践活动，培养孩子的社会责任感和使命感,为家长们做出了最好的榜样。余云德老师亲自为家长们做讲座《学习型家庭的建设》,他的讲座经典实用,讲、读、练一体化,将现实与魔术相结合,别开生面,独具一格,深深吸引了家长和孩子们。此外,彭丹老师用自己女儿创作的绘本《我可爱的小毯子》;郑冬梅老师用自己班上张智轩小朋友出版的四格漫画童书《小蜗牛去旅行》;许培老师用自己班上举行的《云在青天,书在手》阅读实践活动做例子,给家长和孩子们做了阅读与创作的好榜样。张东华、陈姝君、余鸿利、李玥熹等妈妈也参加了我们的义教活动,使我们的活动更加丰富多彩。最应该感谢的是深圳市少儿图书馆宋馆长和戴老师,尤其是戴老师,每次活动她都亲临现场,聆听并指导,还帮我们拍照录像。郑冬梅老师还与工作室的老师和孩子们一起举行捐书仪式,把读过的书捐到海南偏远贫穷的山区去,把爱心传递给贫困山区的孩子们,让他们和我们的孩子一样快乐阅读,幸福成长。第一次我们一共捐了 4660 本课外书。孩子们在书里写了寄语和祝福语,把自己的爱心一同寄给山区的孩子们。用阅读点亮心灯,让我们一起远行!未来,我们还将坚持以阅读为抓手,继续在市少儿图书馆举办"名师讲堂"义教活动,以荣获世界金奖和银奖的童书和深圳市少儿图书馆推出的每届的十大童书为蓝本,结合孩子们最喜爱的童书和家长最喜欢的图书,引导家长、孩子们和老师一起读书,一起交流碰撞,一起展示阅读的收获和成果。在这其中,老师既是读者也是家长,还是孩子们阅读的辅导者,引导家长和孩子们充分地与文本和作者对话,确实提高家长和孩子们的阅读思考力和阅读品质。活动每个月推出一期,一期推出五本童书,有讲读、朗诵、小组交流、问答、辩论、角色展演、阅读探索、情景绘画、个性创作等形式,实施实操性、创造性的阅读实践活动,让家长、孩子们和老师一同在阅读中修行,在阅读中润泽,在阅读中幸福成长。

(二)生活自理课程

古时候有一个关于懒人吃饼的故事。妈妈要出远门了,给懒儿子煎了一个大饼,在饼的中间掏了一个洞,挂在懒儿子的脖子上,让他饿了就吃。结果几天后,妈妈回家看见懒儿子被活活饿死了。他只吃了面前的一小块饼,连转一下饼都不愿意,居然如此懒。这个故事看起来像杜撰的笑话，但是在我们的现实生活中，不少孩子是丧失家务能力和自理能力的，有的孩子甚至内裤都不会洗，书包也不会收，自己的房间和课桌乱七八糟，像狗窝。有一些住校生，从来不会洗衣服，每周给妈妈最珍贵的礼物就是一箱脏衣服。小学低年级主要是养成教育，培养儿童的自理能力，自己的事情自己做，让他们能自己料理衣食住行，学会穿衣，吃饭，喝水，睡觉，整理，清洁，做家务，劳动，阅读，学习，说话，运动，玩耍，种花草，养小动物等健康而阳光的生活技能。儿童的生活应该是多姿多彩的，而不是天天赶作业，埋头苦读书。网上曾经很形象地描绘家长陪娃写作业的场景和心情，不写作业时是母慈子孝，一写作业就是鸡飞狗跳，甚至更奇葩的一张图是孩子戴着头盔写作业。作业变成了家长和孩子最苦恼的事情，严重影响亲子关系。这种畸形的作业形式和方式，简直让人望而生畏。其实这些都是教育的功利心造成的。我们工作室刘芳老师的小女儿才一年级，刚入学，每天中午吃完饭，还有下午放学后，她就一个人坐在妈妈办公室的小桌子前，专注地写作业。妈妈也在改作业，或者备课。她从来不轻易打扰妈妈，只有不懂的时候才问妈妈。小宝贝从小就养成了良好的学习习惯，而且自己的事情自己做，很独立。妈妈出差一周，让她跟着同办公室的老师，她不哭也不闹，按时吃饭，按时写作业，没有给老师添乱。

我们开发的生活自理课程，主要从衣食住行等方面设计课程项目内容，课程实施的办法就是让家长参与指导，每周发给家长一周生活自理课程评价表，让家长监督孩子坚持自立自理，自己的事情自己做，并拍下一些相关的照片，在班级群里分享，让孩子们互相学习，互相鼓励，互相监督，另外，每周一还在班会课上表彰进步的孩子，给予精神上的奖励。每月举行一次生活自理课程展示或竞赛，例如系鞋带比赛，系红领巾比赛，收拾书包比赛，打扮自己的小房间比赛等，不断强化学生的自理意识，提高学生的自理能力。我们还将生活自理课程与语言文字的训练相结合，让孩子们描述过程，说体验，写感受，在总结中不断反思、提升。

（三）亲近自然课程

《中国母亲底书》的作者张天麟先生，说了句很发人深省的话："中国不患物贫而患心穷。”“心穷！”多么可怕的一件事。“空心病”、“玻璃心”也是类似。“儿童是祖国的未来”，“儿童是民族的希望”，如果我们不注意到儿童心灵的充实和丰满，儿童能成为未来的希望吗？如何让儿童的心灵更加丰盈？最好的办法就是亲近大自然，走入社会，读万卷书，行万里路。

大自然是最好的老师。万物皆有灵性，以物启智，观万象而悟其道。自然界的一切都是创作的泉源，孩子们有一颗好奇而敏感的心，老师和家长都要引导学生走进大自然，去感受阳光和雨露，去呼吸新鲜的空气，去观察植物和动物的成长变化，去与大自然对话，去探索大自然的奥秘。

例如，我们开发的《大自然的孩子》系列课程，就是让孩子们亲近大自然，去观察，去思考，去探索，去感受，去对话，去记录，去抒写，去创造……

再如，我们开发的“自然笔记”就是好课程。我们带着孩子们到大自然中去，为大自然做笔记，观察自然，学习自然，与自然对话。引导孩子们拿着画笔把眼中的植物画下来，并用文字说明，或者抒写感受和启示。每个孩子的作品都是自己与大自然对话的结晶，作品图文并茂，非常精美。在课程的实施过程中，孩子们不但认识了植物，了解了植物的成长特点，还收获了自己的感受和体验。图文创作还有利于培养学生的想象能力、综合设计能力和绘画写作能力。

课程作品展示

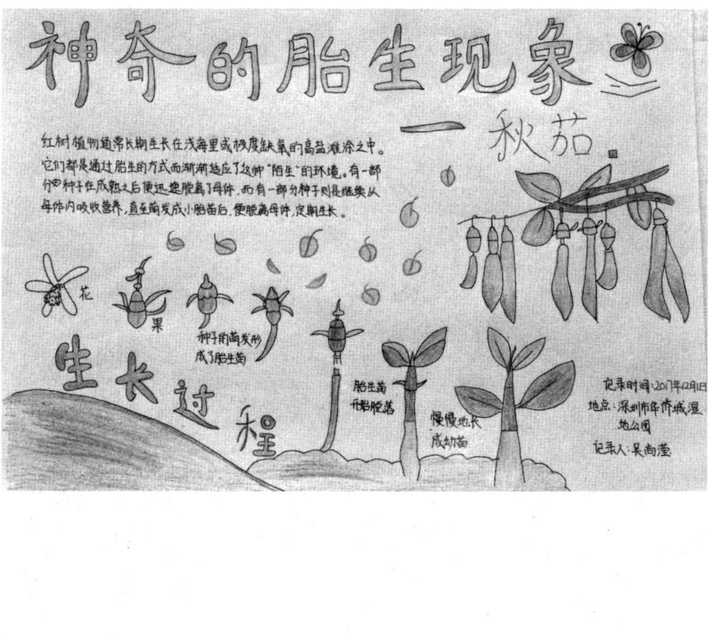

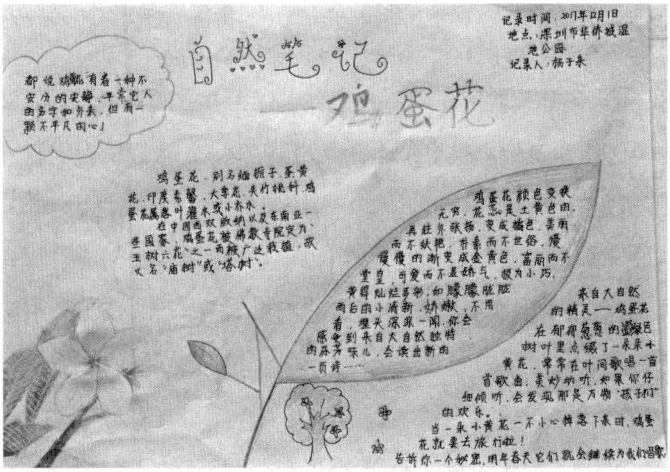
自然笔记
——鸡蛋花
记录时间：2017年12月1日
地点：深圳市华侨城湿地公园
记录人：杨子来

自然笔记
——三角梅

自然笔记之鸟类
感想

再如，我们让孩子们走出教室，利用周六日或者是节假日，带着画夹、画本、手机、相机、笔记本等到大自然中去采风，去观察，去感受，然后把自己欣赏的美景拍下来，画下来，或者做成贴画，并配上文字，把感受到的、体验到的用诗歌、散文、说明文、记叙文等形式记录下来，还可以配上音乐、视频和照片等做成美文，或者搜集植物、昆虫、小动物的标本等，培养学生观察自然，了解自然，学习自然，热爱大自然，珍爱生命的良好习惯。自然是孩子的天性，自由是孩子的本性。在象牙塔里，在长方形的盒子教室里，孩子的心无法放飞，解放儿童，让童心飞扬，我们就会看到充满灵性而富有想象力和创意的个性张扬和童性舒展。学生们应该是大自然的孩子，亲近大自然，回归大自然，让大自然赋予孩子们更多的灵性和智慧，只有这样才会有文采飞扬，创意无限的精彩纷呈。以下就是孩子们在大自然中的观察和感受所得。

课程作品展示

大自然之美

春风拂面，带来丝丝温馨
早晨那第一缕阳光
覆盖着整个世界
花儿含苞待放
褪去冬天的沉静
细雨绵绵
饱含着春的气息
春的期望

夏蝉长鸣，带来阵阵清新
正午那点点纷扰
唤起了荷花的思绪
无数种音韵
散布在广阔林园
绿意蔓延
我的心已无法宁静

秋风袭过，带走片片黄叶
傍晚那灿灿余辉
上演了最后的辉煌
暮色打开秋意
述说着昨日的夕阳
拾起落花
领悟秋的意义

冬梅独放，带来皑皑白雪
夜晚那白茫茫的月光

引来了寂静和忧伤
偶然间怅然若失
凝望着眼前的景象
远天的呼唤
在耳边响起

大自然的旋律
在世间奏鸣
悦耳的琴声
流露出柔情
炽热的眼神
并没有暂时暗淡
蓝天白云在飘逸
令人流连忘返
大自然的绚丽
在这一刻绽放……
[新洲小学　六(5)吴尚滢]

自然

悄然
晨光袅袅
若蝶息，似回响
玉桃轻绽

回忆
晚霞似火
挥洒光辉舍尽头
桂花香微扬

归来
夜之歌奏鸣
隐百合，现幽香
勾勒出零星的点缀
昙花乍现
[新洲小学　六(5)林翔]

等风来

蒲公英摇摇晃晃
不舍迈出唯一的一步
望着湛蓝的天空
与家人再次告别
它在等风来

清澈的河水倒映着离歌
水声清清浅浅
告别却又不舍
围着小桥兜兜转转
它在等风来

树上的叶子寥寥无几
紧紧拥抱着
陪它走过四季的树
无声的等待
它在等风来

云雾漫天绕山
迟迟不肯消散
徘徊在公园
在心中留下心事
它在等风来

旅行的青蛙正走在路上
回忆和伙伴们一起
悄悄牵着手走过的坡道
它想留住比谁都容易受伤的自然
它在等风来

在天界之巅
有风划过
划过所有的不舍
吹散所有的离愁
构成了一座城堡
为迎接自然孩子的真诚祝贺
在山林之间
在泥土之上
纯净而美妙

[新洲小学 六(5)叶子媛]

白鹭

深圳的冬天,素美而不妖艳,无需雪的装点,已经很淡雅了,特别是红树林生态保护区非同其凡。

白鹭,这个纯美的天使点缀了整个冬天的欢乐,它们优雅高贵,一身雪白无瑕的羽毛柔顺,不是外表惹人喜爱的侨办,是大自然最佳的杰作。如夜般深邃的细长眼睛滴溜滴溜地转,狡猾得深藏不露。它们的尖嘴直勾勾的,黑漆漆的,如一根闪亮的利针,时而一头扎进水里觅食。一瞬间,昂起头,洒下的水滴溅在海里,荡起了一层波纹,是一条闪着鳞片的银鱼,只见白鹭摇了两次头,仿佛在回味来自海的美味,接着它又猛扎头,才缓缓张开双翼,带有韵律地拍打翅膀,不像其他鸟儿那么急促,而是缓慢地起伏双肩,纤细的腿收得紧紧的,肚子有节奏地起起落落,犀利的眼目不转睛地盯着前方,羽毛油光发亮,即使在风中也不显得凌乱,反而还有潇洒之气,他挺起胸,抬起头,俨然一位领队,后面的花色缭乱的雀跟着它飞上浩荡广阔的蓝天。忽然,它急转弯,斜着身子滑翔过来,越飞越低,在寥寥几根野草旁停落,原来有只小鸟因为受伤而没跟上队伍,白鹭在小鸟旁温柔地叫唤,好像在鼓励它重新站起来,不知过了多久,一只黑白相间的鸟开始不耐烦,开始啸叫,不少的鸟加入了啸叫，只见白鹭不慌不忙，从容镇定地长声鸣叫，好像指挥一些小鸟去采可以治疗伤口的草来舔伤口……夜深了，鸟群把那只受伤的小鸟围起来，进入了香甜的梦境。

我们安静地看着，每个人脸上都挂着由衷的笑容。

［新洲小学　六(5)杨子来］

墙角的蚂蚁

当你在忙碌时，你会不会去关注那片黑乎乎的墙角？想必是不会的吧，毕竟事情在先。但你永远不知道，你每次都错过了一个有趣的“天地”。

一个平静的上午，闻着清新的空气，我路过走廊，好像看见什么东西，人是走出去了，但心好像还留在屋内。走了许久，像是想起什么，急忙忙地跑回家，往那个墙角一瞧：“噗嗤，还以为是什么，不就是一群忙得不亦乐乎的蚂蚁嘛！”看着它们在墙角边上乱跑，我就搬了张椅子，静静地看着它们，“咦？怎么感觉它们不是杂乱无章地跑，好像是有序的，搬东西的这边走；出门找东西的那边走。”我一下来了兴致，就看得入了迷……

在蚂蚁们忙忙碌碌的世界里，我看到的不是混乱无序的混混儿，而是类似于人类城市般规矩的车流，井然有序、条条不紊。在“蚁流”中，有一条宽一厘米大小的“公路”；中间有一两只健壮的蚂蚁，宛如一个个训练有素的“警察”，管理、维护着所有蚂蚁的秩序；再看到身强力壮的“搬运工”们，个个团结互助，遇到“大山”——食物，先检查周围安全，再用触角发出通告，一只“飞毛腿”瞬间跑回家中，唤出两个“搬运工”，一起把那块米粒奋力推进。米粒丝毫不动，没关系，跑步的再次回家，唤出大批“助力伙伴”，吃完小草籽，撸起袖子，喊着口号“一二一”，三两下把食物运回家……

我看着看着，不小心把水撒在地上。我本以为蚂蚁会顿时炸了锅，所有蚂蚁盲目地跑，你这我那他这。然而，令人吃惊的是，所有蚂蚁都有序地跑向安全地带，不一会，所有蚂蚁都疏散到了避难所——另一个墙角，这个过程没有成员受伤，还不到两分钟！这堪比人类所发明的各种逃生技巧。

我看着看着，忽然想到《动物世界》电视节目，蚂蚁在一个水涝多发的地区，在发大水时，会包成一个球状的蚁球，漂在水上直到水涝结束。只牺牲一小部分，却保护了大部分同胞的性命。这是多么明智，绝无仅有的方法和策略。这是在经历过多次磨难和痛苦后得出的结论和经验。在经历过的一次次挫折以后，蚂蚁家族一再减员，蚂蚁们为了大家族的兴旺付出了许多代价，于是就分成了两派，一派为了使命而继续拼搏；另一派认为没有希望了。于是拼搏的一派活了下来，也练出了一套套的求生技巧。而另一派，都成为泥土，有的还化成尘灰。

得知了一切，那也不难理解，为什么当蚂蚁被水淹、被火烤或被命运开玩笑，都始终充满一颗希望的心。望着蚂蚁，望着那些怨世俗抛弃自己的失败者，我明白了：世界上从来没有失败者，永远只有动不动就认为自己是失败者的人！

望着墙角的蚂蚁，我顿时觉得自大的人类是那么渺小，而那眼中的小小蚂蚁，似乎也不再是那么的失败，弱小。望着天空和蚂蚁，我想……

［新洲小学　六(5)洪德程］

冬与自然

眼前的天空似乎暗淡
耳边潇潇风声
似比往日更加放肆
俨然更加自由

虽然入冬
但眼前的饶绿不减
自然还是那么美
无论四季

花在等果
叶在等风
冬，也在等花开
等风来

慢慢的
我们也都回到自然去
也都做一次自然的孩子

［新洲小学　六(5)王钇霏］

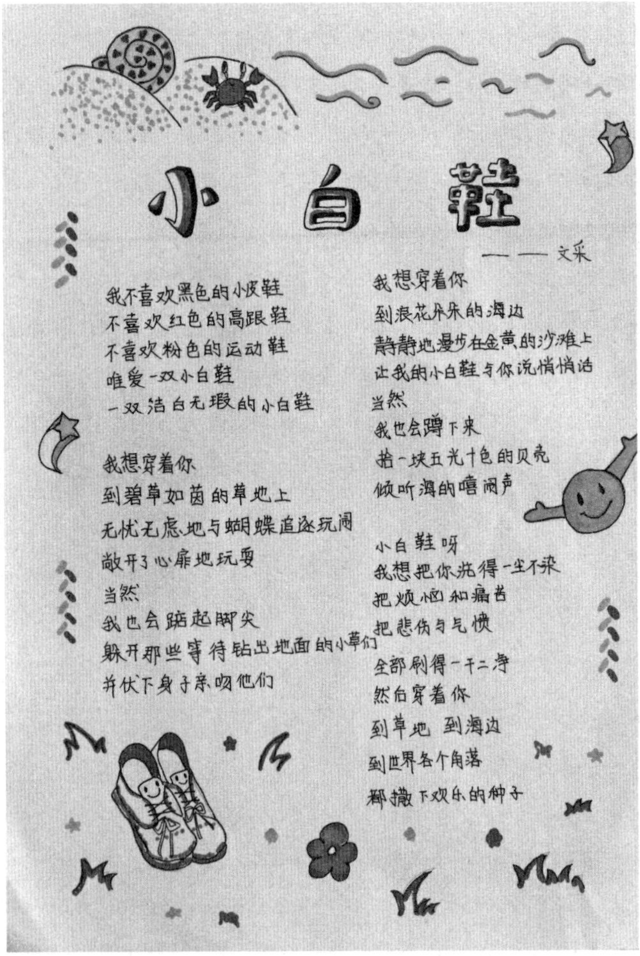
小白鞋
——文采
我不喜欢黑色的小皮鞋
不喜欢红色的高跟鞋
不喜欢粉色的运动鞋
唯爱一双小白鞋
一双洁白无瑕的小白鞋

我想穿着你
到碧草如茵的草地上
无忧无虑地与蝴蝶追逐玩闹
敞开了心扉地玩耍
当然
我也会踮起脚尖
躲开那些等待钻出地面的小草们
并伏下身子亲吻他们

我想穿着你
到浪花朵朵的海边
静静地漫步在金黄的沙滩上
让我的小白鞋与你说悄悄话
当然
我也会蹲下来
捡一块五光十色的贝壳
倾听海的嘻闹声

小白鞋呀
我想把你洗得一尘不染
把烦恼和痛苦
把悲伤与气愤
全部刷得一干二净
然后穿着你
到草地 到海边
到世界各个角落
播撒下欢乐的种子

夜
夜里
是鸟儿归巢的时际
有鱼儿跃出的声音
在那月亮升起的地方
有几个黑影快速地掠过
梧树上有许多明亮的小眼睛
一直在眨个不停
屋中传出一阵阵鼾声
那看门的小狗
也在酣睡之中
月光把无限的柔情
撒在了平静的湖面
妈妈用红纸做成的窗花
已经裹上了一层薄薄的雾
作者：张子涵

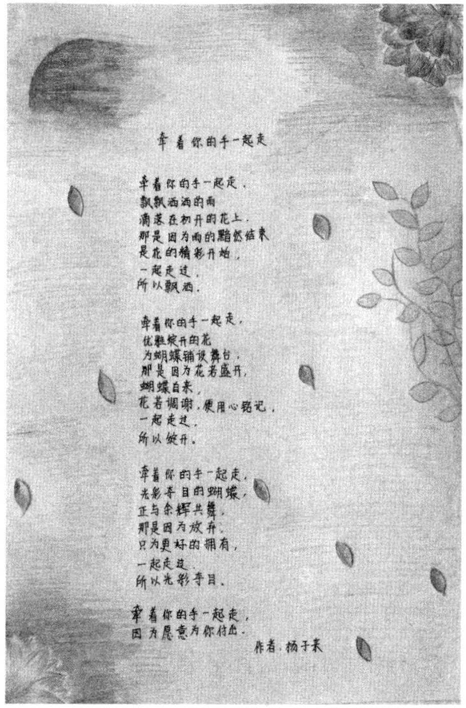
牵着你的手一起走
牵着你的手一起走，
飘飘洒洒的雨
滴落在初开的花上，
那是因为雨的黯然结束
是花的精彩开始，
一起走过，
所以飘洒。
牵着你的手一起走，
优雅绽开的花
为蝴蝶铺设舞台，
那是因为花若盛开，
蝴蝶自来，
花若凋谢，便用心铭记，
一起走过，
所以绽开。
牵着你的手一起走，
光影夺目的蝴蝶，
正与余辉共舞，
那是因为放弃，
只为更好的拥有，
一起走过，
所以光影夺目。
牵着你的手一起走，
因为愿意为你付出。
作者：杨子来

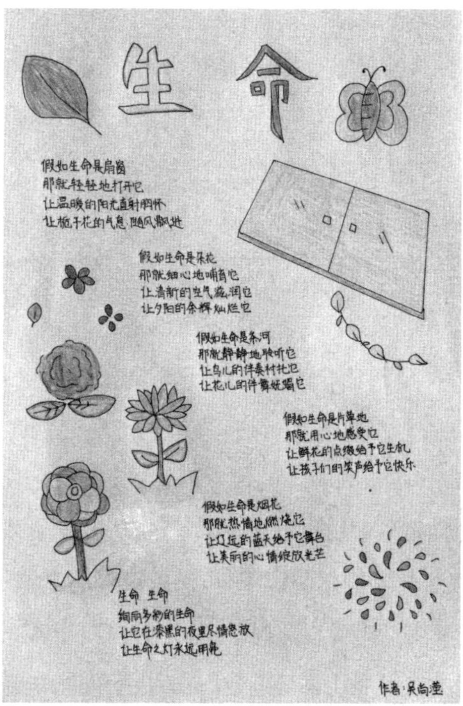
生命
假如生命是扇窗
那就轻轻地打开它
让温暖的阳光直射胸怀
让栀子花的气息随风飘进
假如生命是朵花
那就细心地哺育它
让清新的空气滋润它
让夕阳的余辉灿烂它
假如生命是条河
那就静静地聆听它
让鸟儿的伴奏衬托它
让花儿的伴舞妩媚它
假如生命是片草地
那就用心地感受它
让鲜花的点缀给予它生机
让孩子们的笑声给予它快乐
假如生命是烟花
那就热情地燃烧它
让辽远的蓝天给予它舞台
让美丽的心情绽放光芒
生命 生命
绚丽多彩的生命
让它在漆黑的夜里尽情怒放
让生命之灯永远明亮
作者：吴尚滢

（四）文明教养课程

在火车上、高铁上，我们经常会看到毫无顾忌地嬉闹的孩子，或者大声喧哗，或者互相追赶，甚至上下铺地爬上爬下，大人们也不怎么去阻止他们，因为大家都习惯了。有些大人还在聊天，打牌，打电话，根本无视别人的存在。这也是因为大家都习惯了。运动会结束后，现场总会留下不少垃圾，因为孩子们没有把自己的垃圾带走的习惯。学校大队部卫生问题和课间追逐打闹的问题天天抓，可是依然存在许多隐患，因为孩子们没有养成爱清洁和上下楼梯轻声靠右慢行的习惯。教养就蕴含在生活的细节里。中国的老家规里就包含着文明教养。老规矩，既是教养，亦是礼仪。每个细微的肢体语言都体现了自己的家教、性格和人品。例如，不许吧嗒嘴儿；不许叉着腿儿；不许斜楞眼儿；不许不称长辈为您；不许搅菜碟儿；不许筷插碗儿；不许抖落腿儿；不许当众喳呼；不许说瞎话儿；夹菜不过盘中线；不许吃饭咬着筷子；不许壶嘴对着人；吃菜不许满盘子乱挑，只能夹眼前的；吃饭前要礼貌性地招呼长辈，长辈坐下说吃饭才能吃；做客时，主人动筷子客人才能动；站不倚门、话不高声；回家要跟长辈打招呼；出门要说一声等等，从小养成好习惯，没有规矩不成方圆，细节折射人品。我们的独生子女从小娇生惯养，在饭桌上简直太随意了，吃相也不好看，没有规矩。于是我们让孩子们在学习老家规的基础上，进行文明教养调查，开发文明教养课程。例如饭桌上的教养。老师引导孩子们去发现自身或同学在饭桌上的不良习惯，针对问题分析形成的原因，并合作讨论饭桌上应该有哪些教养，一一罗列出来，一共有以下几条：饭前要洗手，饭后要漱口；准备开饭了，要主动叫父母和长辈吃饭，为父母和长辈盛饭，要让长辈先动筷子吃；盛饭和端茶给别人时，如果中间隔了人，不要从别人面前经过递，要从别人后面绕过递；吃饭要细嚼慢咽，不要含着饭说话，更不要含着饭大笑。吃饭要端起碗，不要在盘子里挑拣翻搅，尽量夹自己面前的食物，不要拿筷子敲碗；吃饭时，自己能吃多少夹多少，不能浪费食物；吃饭时，鱼骨刺等厨余垃圾要放到固定的碟子里，保持饭桌的清洁；给别人夹菜要用公筷，不要夹太多；吃完饭退席时，要说："我吃好了，你们慢慢用"；吃完饭要帮父母收拾碗筷，擦桌子，洗碗；擦桌子的时候要往自己的方向抹；饭后不能立刻做剧烈运动，要静息或慢慢走。我们还配上情境图，这样更直观可感一些，让班里的同学们一起学习，一起践行，看谁的饭桌教养最文明，每周评出一个文明教养小天使。在这个过程中，学生是课程的开发者，也是课程的实施者和评价者，从问题到反思，再到设计、践行，最后是评价，学生亲自参与了课程的整个过程，收获是很大的。陶行知说："行动生困难；困难生疑问；疑问生假设；假设生试验；试验生断语；断语又生了行动，如此演进于无穷。""行动是老子，知识是儿子，创造是孙子。"达·芬奇说："经验才是真正的教师。"让学生在行动和经验中学习，才能提高学习效率，才能把知识内化成心智和品质。

课程作品展示

饭桌上的教养
第二，准备开饭了，要主动叫父母和长辈吃饭，为父母和长辈盛饭，要让长辈先动筷子吃。

饭桌上的教养
第三，盛饭或端茶给别人时，如果中间隔了人，不要从别人面前经过递，要从别人后面绕过递。

（五）主题体验式课程

宋代诗人陆游说：“纸上得来终觉浅，绝知此事要躬行。”“天下之事，闻者不如见者知之为详，见者不如居者知之为尽。”效果最好的学习应该是参与式和体验式的学习，没有亲历过程，就没有真实而亲切的感受。我们不否认语文学习许多时候要用记忆，但是如果光用记忆，而没有参与行动，动手操作，亲历过程，思考分析，问题解决，感受体验，启迪智慧等环节的话，学生习得的也仅仅是用记忆复制下来的知识，这种知识并不等于智慧和能力。这样的知识没有生命体温，不能内化为学生的心智和涵养。宽语文课程以广阔的社会生活为背景，加强语文与社会，与家庭，与学校的联系，把校园生活、家庭生活和社会生活有机整合，形成家、校和社区的强大合力，让学生走出教室，走出校园和家庭，走进社区，接触社会，体验社会生活，专注社会热点和焦点问题，在社会实践中学语文，用语文，切实有效地提高学生的语文素养。

我们设计开发的课程有“小鬼当家”、“寻找爱的足迹”、“种豆子”、“水种蔬菜”、“美食分享”、“亲子研学营”等课程。根据学生的年龄特点和心理特征，设计从低到高，从简到难的课程内容；在课程的实施上，我们要求家长参与，有效引导和监督，确保课程的有效实施；在评价方面，我们采用多元性、过程性评价，老师、家长和学生都参与评价，让课程评价更人性化。

民以食为天。我们的口号是：好好吃饭，健康饮食。吃饭对学生来讲真的太重要了。上个学期，有个小男孩因为长期吃肉，不吃蔬菜，导致肠梗，在医院里住了一周，差点动手术切除。还有的孩子喜欢吃垃圾食品，没有健康的饮食习惯，面黄肌瘦，精神恍惚，没有充沛的学习精力，对许多事情也提不起精神来。根据这些问题，我们设计开发了“美食分享”课程，引导学生先认识食品商标，从认识健康食品开始，明确哪些是不健康的垃圾食品，了解转基因食品的相关知识；然后学习如何选择当季应季的食物，选择优质食物，选择适合自己成长发育的营养食品；最后，学习清洗食物，切割食物，烹制食物，尽量做到色香味俱全，和家人同学分享自己亲手做的美食。此外，我们还引导学生阅读相关的美食烹调和美食文化的书籍，对照中西方美食的不同，受到美食文化的熏陶和感染。每个月举行一次美食分享活动，学生把自己做好的美食带到班级里，大家一起分享，然后点评，最后把美食烹制和分享的过程都记录下来，不仅体验了美食的烹制过程，还收获了分享的快乐，也在口头分享和文字记录的过程中提升了自己的语言表达能力。

下面是孩子们美食烹制的作品。

课程作品展示

美味花卷

今天，我们班开了一个美食分享会。昨天，我们为今天的美食分享会做了准备。我所在的组是面馅组，顾名思义，就是面食里面有馅。

我做的是花卷，做花卷需要四步，分别是和面、备馅、卷花卷和切花卷。

首先，我要和面，需要面粉、酵母和水。我倒了两杯面粉在碗里，倒了半碗水，放了一些酵母，搅拌至均匀，倒在面粉上，用手将面粉揉成一团。为了让它发得快一点，我将水用锅烧热，关火，将盛面的碗放进锅里，开始发面。

然后就是剁馅。我将大葱清洗干净，将它切成小片，剁成末，切的时候不要与大葱成平行，不然会被溅起的葱汁辣到眼睛。

一个小时后，我揭开了锅盖，正常情况下，面团应该发成原来的两倍，可是……这个面团连一半都不到，没办法，只能这样了。我叹了一口气，无可奈何地将它端了出去。面团软软的，很容易粘在手上，我拿来了面粉均匀地撒在上面，再揉进面团，马上变得干燥了。妈妈告诉我，面团要擀成规则的图形（正方形、长方形），然后将馅料铺在上面卷起来，切成粗细适中的卷，花卷就做好了。面团被我三下五除二地擀成了长方形。我将装馅的碗端出来，小心翼翼地用勺子涂抹使它尽可能地匀称。然后轻轻地捏起一端，卷起来，卷到一半安然无恙。但是，后一半可是“风雨交加”——妹妹洗手后爬上桌来，没等我反应过来就用两只“羊蹄”狠狠地拍了下去。我瞬间欲哭无泪——面上出现了两只棱角分明的“蹄印”。俗话说的好，祸不单行，就在我身上灵验了——只差两厘米距离包完时，妹妹抓起她的水杯，“哗啦”倒了上去（也幸好我反应及时，眼疾手快地抓走了面，不幸中的万幸，妹妹的杯子里没有多少水。）我气得七窍生烟，把面往案板上一放，以迅雷不及掩耳之速,抓住了妹妹,把她往带栏杆的小床上一丢,不管她的鬼哭"羊"嚎,回到厨房把长花卷切成了长度适中的花卷。然后拿起另一个面团,按部就班地擀面、放馅、卷起。不过这次总算是风平浪静而不是惊涛骇浪了。

千辛万苦总算是包完了,我将蒸格刷上油,把花卷放上去,蒸熟。熟后再等四分钟左右才能开盖,至于为什么我已经忘了。花卷是土黄色的,吃起来很松软,侧面成螺纹状,叫它蜷缩的蜗牛再好不过啦,反正蜗牛也有黄色的。

[新洲小学六(5)班　廖婞婞]

旋转曲奇

郑老师给我们布置了一项很特殊的作业:亲自动手做一样美食与大家分享。我的任务是做曲奇饼,可是做曲奇需要烤箱,我家没有这样的设备,所以妈妈带我去了她的朋友家里制作。

我先在网上搜查了一下,需要的食材有:黄油、糖粉、淡奶和纯牛奶,还有鸡蛋。正好,阿姨是一位点心高手,在她的帮助下,我一点一点地切黄油,生怕切多了,阿姨说黄油能让曲奇更香,糖粉比白糖更细,极容易化,我们将上述食材放在一个容器里,然后用打蛋器将它们均匀地进行搅拌,直到黄油起泡成形,可以粘在筷子上不往下滴就可以了。

然后还要往里面加面粉,用刮勺使劲搅拌,我费了半天的力气才将它们搅拌均匀,然后放在裱花袋里,通过裱花袋的嘴巴,将面团挤成曲奇的形状,我由内向外一边旋转一边挤,所以,我给它们取了一个可爱的名字:旋转曲奇。刚开始的时候怎么挤它们都不听我的话,成功率非常低,后来我不断地尝试和努力,慢慢地能挤出漂亮可爱的形状了。

最后一步,把它们放进预热好的烤箱,用150摄氏度的温度烘烤20分钟。我耐心地等待着,过了10分钟左右,一阵阵诱人的香味慢慢飘散出来,我的口水也跟着不自觉地流了出来。

终于烤箱响了,我戴着厚厚的手套取出曲奇饼,金灿灿的饼干多诱人啊!可是阿姨告诉我,曲奇一定要放凉了才会有酥脆的口感,我只好又耐着性子开始漫长的等待。大概又过了20分钟，我用手指试了试，完全冷却了，我迫不及待地尝了一块最丑的，真是好美味啦！

第二天，我带到班上和同学们一起分享，看着他们争先恐后地过来尝，还一边吃一边问："胡炳文，这个曲奇真的是你做的？确定不是买的？"我自豪地回答："当然！我的手艺不一般吧？"

[新洲小学六(5)班　胡炳文]

（六）国学经典读写课程

中华传统优秀文化经典是语文学习的精品。中小学部编教材设计了208篇必背古诗文。这里的208篇，涵盖了中小学阶段所有需要背诵的古诗文，根据《义务教育语文课程标准》(2011年版)、《普通高中语文课程标准》(2017年版)整理，其中1—6年级75篇，7—9年级61篇，10—12年级72篇。学习国学经典，陶冶了学生的高雅情趣，开阔了学生的胸襟，启迪哲思，滋养生命，培养学生开朗豁达的性情，自信自强的人格，诚信善良的品质，达到正礼修身，修身养性的育人目的。

我们开设了国学经典晨诵课，每天早读课都诵读国学经典，还开展"诵国学经典，做文明儿童"主题读书活动，采用朗读、吟诵、吟唱、表演、绘画、讲故事、编国学经典剧、国学手抄报、诗文舞蹈等丰富多彩的形式演绎国学经典，读写结合，个性解读，诗情画意，国学慧美，国乐悠扬，一曲《春江花月夜》，一首《苔》古韵飞扬，纯净清明，精神的盛宴。孩子们读的国学经典很多，《三字经》、《弟子规》、《声律启蒙》、《论语》、《唐诗三百首》、《古文观止》、《诗经》、《孙子兵法》等，我们最常用的方法是读写结合。例如，孩子们读了《论语》之后，就会用自己感悟最深的话语，结合自己的生活实际写一篇反思性文章，用国学经典做明镜照见自己的心灵，"吾日三省吾身"，不断反思，反省自己的言行，修正自己的德行。我还让孩子们在事先没有预习的情况下，男女生比赛解读《诗经》里的“关雎”、“琪奥”，十几分钟以后，孩子们不但能理解古文的意思，还用图文并茂的形式把自己的理解和感受描绘出来，他们写出来的文字令人感动。

女生对“琪奥”的个性解读：

“清风与你相遇/
翠竹衬托着你的容貌/
清澈的眼眸/
耳畔悠悠的笛声/
一袭青衣/
一缕遗发/弹琴的双手/
文雅的姿态/
翩翩君子淑女好逑。”

“在清澈的河边/
在郁郁葱葱的竹林边/
君子缓缓走出来/
捧着书/
体态匀称/
从骨子里透出一种文雅和庄严/
竹林衬托出君子的温润/
河湾印着君子的宏大。”

“看那淇水河湾，
翠绿的竹子婀娜而立，
这位文雅而风度翩翩的君子，
就如琢角骨器一般，
如雕玉美石那样无瑕，
态度庄严，
胸怀宽广，
这样的君子，
有谁会忘记他？
看那淇水河湾，
绿竹青葱葱，
就像披上了新衣裳。
君子的耳嵌如银的美珠，
帽缝如星的宝石。
态度庄严，
胸怀宽广，
好一个光明磊落的君子呀。
看那淇水河湾，
翠竹纷纷聚合，
那个君子好似金银璀璨，
有圭璧的温润，
好一个气宇旷达，
宏大的君子！”

男生们对“关雎”的个性解读：“水鸟应和声声唱，成双成对在河滩。美丽贤德的姑娘，正是我的好伴侣。长短不齐的荇菜，双手不停来回采摘。美丽贤德的姑娘，日夜把你来思念。求之却不可得，只把思念留心头。绵绵无尽的思念，翻来覆去难入眠。长短不齐的荇菜，双手不停来回采摘。美丽贤德的姑娘，弹琴鼓瑟来亲近她。长短不齐的荇菜，连忙不停来回采摘。美丽贤德的姑娘，用音乐来使她欢快。”“翩翩公子在浪漫的桃花树下，看到了她梦寐以求的窈窕淑女。在这无与伦比的美好境界中，多么希望能与这位美丽贤德的姑娘结为伴侣。此时此刻，蝴蝶也陶醉在他们‘爱’的情境中。那位公子对姑娘爱不释手，但是他却求不得。只能在梦中和那位淑女相望，在静悄悄的月光下，他奏响了动听的乐曲，送给了那位窈窕淑女，表达他的爱意……”“恍若来自天上的仙女，带着无限的美好，一齐来到我身边，让我一见钟情。你那如浓墨浸过一样的长发，在风中随意飘扬，勾起蝴蝶和我的目光，想去追随着你，可我却没有勇气，只能鼓乐弹琴，用我柔情似水的音符，带给你快乐。你深邃的双眼，洁白的衣裳，玉琢的双手，红润的脸颊，让我日夜思念，让我不禁想要靠近。”

孩子们虽然年纪很小，但是对古文的理解有自己的见地和个性，理解非常到位，而且能用自己内化的语言形象而生动地表达出来。一个朋友打趣说，我培养了一批情圣。

（七）学科整合课程

在教师话语霸权长期压抑下的学生只会复制教师和课本的语言，没有自己的话语自由，没有对文本的独特感受和体验以及个性创意的语言和思维，没有对语文灵动的敏感和再创造，更没有开放的心灵和胸襟。学生无法享受语文学习的感动和快乐。这一切打击了学生语文学习的积极性，压抑了学生对文学的审美能力，扼杀了学生的创造力，使学生对语文学习产生“厌倦”、“烦躁”、“逆反”、“抗拒”、“忧郁”等情绪，甚至产生畏惧和逃学等现象。这些不良的情绪和行为都会导致学生的心理负担，出现心理问题，影响学生的身心健康和终身发展。

宽语文提倡学科整合，加强语文与各个学科的联系，例如，语文与思品课的整合，用生活形象的哲理故事对学生进行思想教育，让学生从阅读中感悟生活的道理，并反思自己的观念、思想和行为，用文字把反思和感悟记录下来。吾日三省吾身，反思、觉知、顿悟，而不是对学生进行简单的说教。再如，语文与科学的整合，让学生种豆，养蚕，做科学实验，在种养和实验的过程中，认真观察，做好观察日记，并写成观察札记和实验作文。有了亲自动手操作的感悟，体验就更亲切，写出来的文章就会更生动形象。

我们还实施"语文与心理"整合课程，就是遵循语文教育的性质，用开放的理念和策略，立足生本，实施由内而外的，尊重学生独特心理体验和真情感悟的内驱式、内省式和浸染式语文学习模式，从激发学生的兴趣，诱发学生的情感开始，开放学生的心灵，以敏感的心和敏锐的思维参与到民主、平等、轻松、愉悦、和谐的语文学习之中，与文本、与作者充分对话交流，同震共鸣，与作者同悲共喜，因身心投入而陶醉其中，受到审美享受，达到"忘我"、"无我"的境界。"言由心声"，引导学生在读文本的基础上，感受、体验、感染、熏陶，润泽心灵、丰厚灵魂、愉悦精神、激扬生命，而后读出文本，积蓄、内化、再创，提升……"形神兼备"、"文道合一"，于是，文思喷涌，出口成章，笔下生花，而且富含真情实感，童真童趣，毫无矫揉造作。文华气质，文润品格。这就是我们所追求的"文心统一"、"文道统一"的语文学习境界。

例如，根据学生的心理特点和存在的心理问题，我们采用画心灵自画像，描绘童心，抒写童真，开展心理团队辅导，写心灵日记和编演心理剧等活动，把语文与心理有机地结合起来，开发"语文与心理"整合的课程，让学生在学语文、用语文的过程中，进行心理调适和心理辅导，在提高语文素养的同时提高学生的心理素质，达到"健心"和"育心"的教育目的。

在现实的教育教学中，我们往往关注优秀生的成绩而很少去在意他们的心理问题，其实存在心理隐患的往往不是学困生，而是优秀生，这些孩子习惯了表扬和赞美，受不得一点批评，经不起挫败感的打击，而且这些孩子虚荣心比较强，喜欢攀比和计较。有些孩子会因为考试比别人低了一分而想不通，弄得几天睡不好觉。有些孩子只顾学习忽略了与同学的交往，养成孤僻的个性，自私、刻薄，内向而清高，根本不愿意接纳别人，欣赏别人。有些孩子虽然成绩不错但是为人处世、养成习惯和自理自立能力都非常差。用心灵自画像的方式描绘自己的心理，让孩子透视自己的心理，了解自己的心理，自省、自悟、自纠、自律，自行规范行为，达到自我心理调适的目的，做到“人文共进，生命和谐发展”的语文和心理结合的教育目的。孩子们用心灵自画像描绘童心，用发自内心的文字抒写童心，心理调适和习作同步发展，一举两得。“言由心声”、“文情并茂”。此外，我们还根据学生的心理问题，引导学生编演心理剧，让学生全身心投入剧情和角色，在剧本的编演过程中，经历角色的心理历程和心理感受，设身处地换位去思考，去体会别人的感受，从而谅解和宽容别人，调适自己的心理状态，使自己的心理健康而阳光，达到“健心”的目的。

例如，下面这幅图是一位五年级成绩非常优秀的女孩画的心灵自画像——“癞蛤蟆”不想吃“天鹅肉”，还有她写的文章。

课程作品展示

“癞蛤蟆”不想吃“天鹅肉”

古人云：“癞蛤蟆想吃天鹅肉，痴心妄想。”但有一只蛤蟆她不想吃天鹅肉，她很忧郁，很孤独。她生活在一群天鹅当中，所以她没有一个朋友，没有一只天鹅愿意跟她做朋友，从进入天鹅群体的第一天起，她就像是掉进了冰窟，她觉得自己生

活在一个黑暗、孤独的世界里。她曾有过放弃的念头，但她的内心告诉自己：“走自己的路，让别人说去吧！有一天你会展翅飞翔的！”她想飞，她不再有放弃的念头，她对自己说：“那些话根本就不重要，有一天你会让所有天鹅吃惊的！”

癞蛤蟆根本就不想吃天鹅肉，她只想跟她们一起做朋友。她内心深处不知藏着什么，她自己也不知道，她只知道她的性格偏激，有时内向，有时外向，她还很冲动。她对自己说“冲动是魔鬼”，可她抑制不了自己，她小声歌唱，却遭来天鹅的抱怨。

癞蛤蟆不想吃天鹅肉，只不过，一天，“天鹅”从“蛤蟆”头上飞过。“蛤蟆”望着“天鹅”优美的姿势，便想学“天鹅”飞翔，于是便两只手不停地学“天鹅”扑腾，这可把“天鹅”吓了一跳，以为“蛤蟆”想“吃”她，便开始对“蛤蟆”敬而远之，还在背地里议论：“癞蛤蟆想吃天鹅肉！”癞蛤蟆对这一切浑然不知，一见到天鹅依然是“张牙舞爪”。

癞蛤蟆啊，癞蛤蟆，你有错吗？为什么天鹅们要这么说你呢？你有错吗？你只不过是想学飞而已啊！

这是一个成绩非常好的孩子的心理历程，由于家庭背景的原因，从小就很孤僻、内向、固执、挑剔，经常独来独往，总感觉别人看不起自己，自己也看不起别人，总喜欢挑别人的毛病，不愿意主动接触同学，跟同学交朋友，经常会有许许多多的心事。经过班级的各种心理辅导活动，几次的心理自画像和心灵日记的反思和省悟，她的心理渐渐变得阳光了，也自信了，跟班里的同学也交往得很好，她还在心理剧《攀比》中担任主角。心理剧荣获全校评比一等奖，她的表演受到老师和同学们的一致好评。

再如，下面是一位五年级成绩不好，但是很有想法的男孩画的心灵自画像——我的“囧”字心，以及他写的文章。

我的“囧”字心

看到这题目，大家一定会想：心不是桃形的吗？怎么会是个“囧”字型的呢？

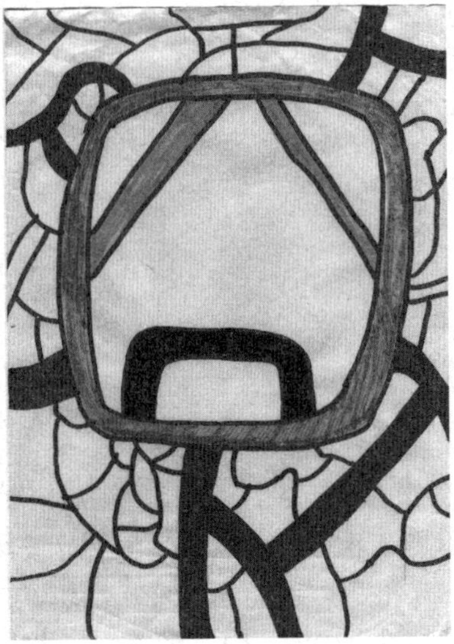

别走开，往下看就知道了。

首先，让我来给大家介绍这幅“心灵自画像”。我画的心就是中间那大大的“囧”字，周围一根根的血管，叫“心情血管”，粗血管是好心情，细血管是坏心情。

接着，我来告诉你们我为什么会用“囧”字作为我的心。“囧”像一张伤心的脸，就算你们看着不像，“心情血管”也做了证明，细血管比粗血管多，就是表示坏心情比好心情多，所以我现在心情不好。

最后，我来告诉你们我为什么心情不好。因为刚过完年，回到学校，有点舍不得离开我的钱哥和陈哥。每到开心的时候，钱哥和陈哥就会忽然从我脑子里闪过，我顿时又停止了开心的表情，这个时候，你们认为有趣的事或东西，对我来说，只是无聊。我希望我的钱哥和陈哥天天和我在一起，这样，我的心情就是两撇上扬的“囧”字，那叫“眉开眼笑”而不是“哭丧着脸”的“囧”字。

这就是我的心，一个“囧”字心。一颗真实的心。

这张心灵自画像是一个学习困难的孩子画的。虽然考试分数不高，但是他有一颗真实而善良的心，他有着出乎意料的，甚至胜于高分孩子的创意。谁敢说他不优秀呢？所以在宽语文教育的视界里没有“差生”，只有学习暂时落后的学生。每一个孩子的生命都是平等的，每一个生命都是值得我们敬畏的。在与孩子们相处的每一天，都会被放飞的童心感动，被灵动无忌的童言感染。那不正是孩子们生命花开美妙的声音吗？这个男孩目前在国外留学，还是一个自由音乐创作人。有一天，他加我的QQ，告诉我以后会出版个人唱片，还要送一张给我这个班主任。我为这个男孩的健康成长感到欣慰。

（八）生本定制课程

生本定制课程主要是根据学生的个性特征而量身定制的，适合他本人个性发展和终身发展的规划课程。通过个案追踪研究，让每一个生命找到适合自己的语文学习和生长的方式，让每一个生命都健康快乐地成长。通过“宽语文”课程资源的开发，通过生本定制课程的建设，回应多元的生活空间和个性化学习需求，为实现语文教育与学生生活的无缝对接创造充分的条件，放大语文学习的效能。我们班上每一位学生都有自己的个性定制课程。例如何伊娜的服装设计课程，池恩妮的头饰制作课程，张禄峄的树叶贴画课程，郭润峰的鸡蛋工艺课程，张子涵的纽扣画课程，邓明程的水栽植物课程等。孩子们从自己喜欢的，感兴趣的事物入手，进行观察研究，搜集资料，制定课程计划，有步骤地实施课程计划，还采取多元评价的方式，对自己定制的课程进行评价。在这个过程中，学生就是课程的开发者、实施者、评价者，同时也是课程实施的对象。学生从始至终都参与课程的开发和建设，是最大的受益者。

何伊娜的服装设计课程

1. 灵感来源

在这个忙忙碌碌的世界里，有很多人，很多事都会让你得到灵感。有时它来得不经意，有时它会让你觉得理所当然。在创造，创新的路上，你有时会觉得你笨得无药可救，有时你会沉溺在自己的幻想之中，觉得自己多么优秀！但是你有没有感谢给你灵感的人？

上图纯白礼服的灵感来自于我的小姨帮我的布娃娃做的一套衣服，我改变了她的款式、造型、并由此设计了一系列此风格的服装。

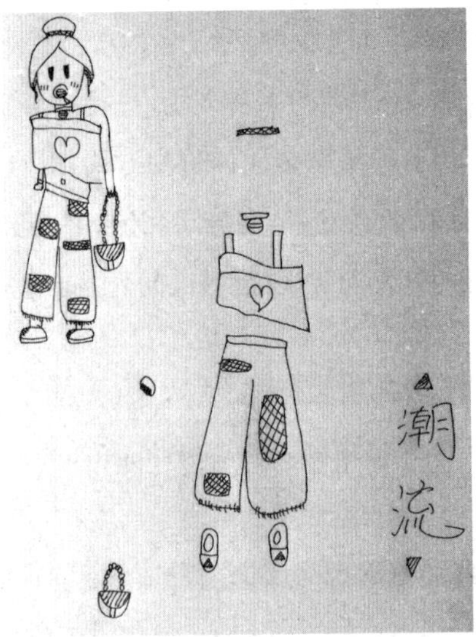

上图《潮流》是最近非常流行渔网裤,根据渔网裤我设计了这套服装,渔网裤搭配帆布鞋、短装上衣,展示了青春、个性、酷我的强烈自我风格,体现青春无限活力。

《小清新》是含蓄、羞涩女孩的最爱,清新的上衣搭配简单的下裙,给我们展示了单调却不失活力的风格。

上图是我精心制作的手工,它们分别体现出不同风格的活力、优雅和个性。

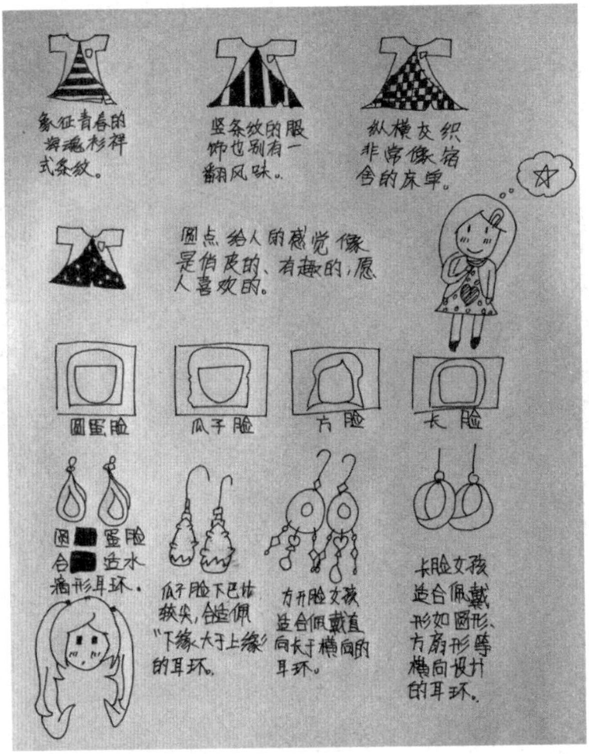
象征青春的海魂衫样式条纹。
竖条纹的服饰也别有一翻风味。
纵横交织非常像宿舍的床单。
圆点给人的感觉像是俏皮的、有趣的，惹人喜欢的。
圆蛋脸
瓜子脸
方脸
长脸
圆蛋脸合适水滴形耳环。
瓜子脸下巴较尖，合适佩"下缘大于上缘"的耳环。
方形脸女孩适合佩戴直向长于横向的耳环。
长脸女孩适合佩戴形如圆形、方扇形等横向设计的耳环。

2. 手工制作过程

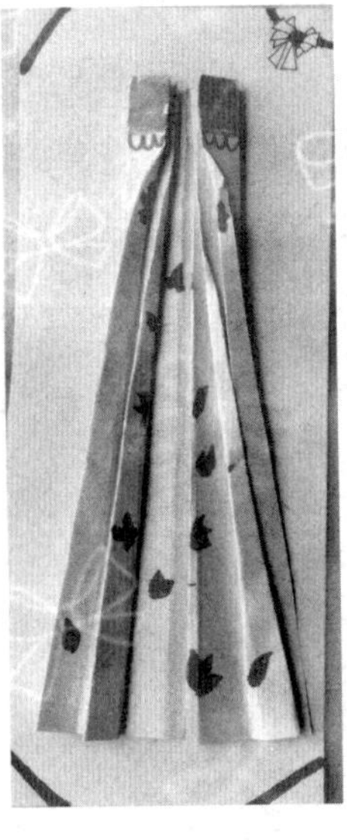

婚纱是最难折的，首先要准备一张方形白纸，然后平均分成三份就像这扇子一样，这个工序耗费了我很多心思和时间，然后从中间分开向外拔，之后这件美轮美奂的婚纱就出现在你的面前，如果你想让它更完美，可以在上面画一些美丽的鲜花和漂亮的图案。

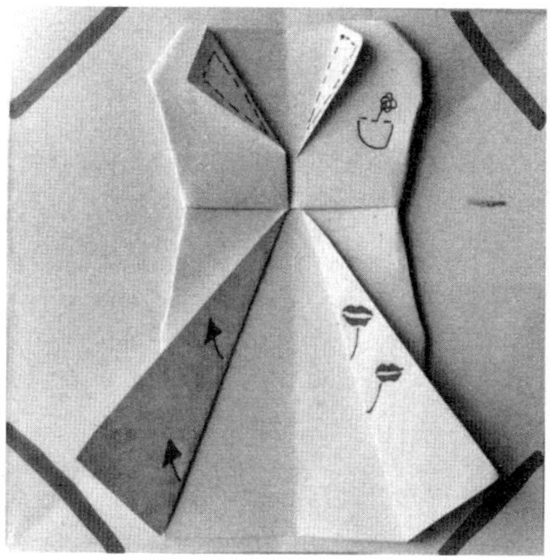

《无袖风衣》是其中我最满意的作品！无袖风衣适合家庭中年妇女。你要准备一张方形白纸，分成四等份，再折出衣领，衣摆。加上漂亮的花纹，效果会更好哦！

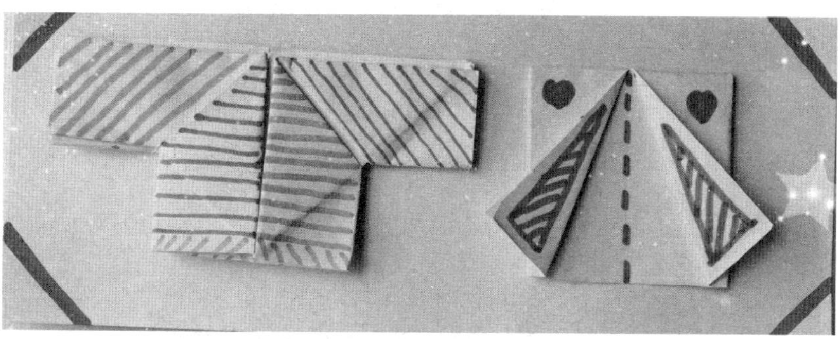

《线条》上衣制作过程有点复杂，首先你要折成东南西北，把背后折起来，把三角形打开就行了。裙子要分成四份，对着并打开衣摆。

3. 成品展

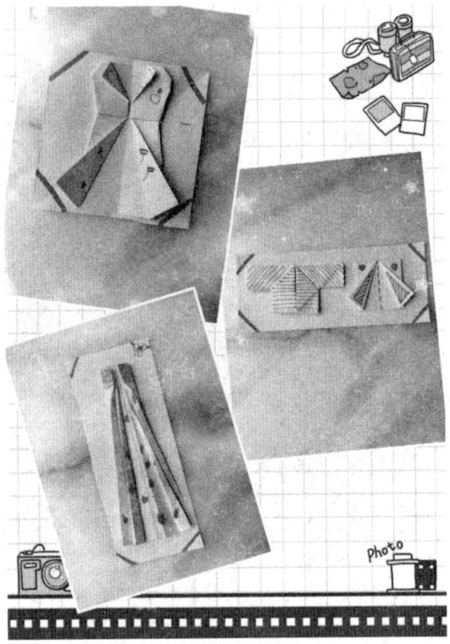
Photo

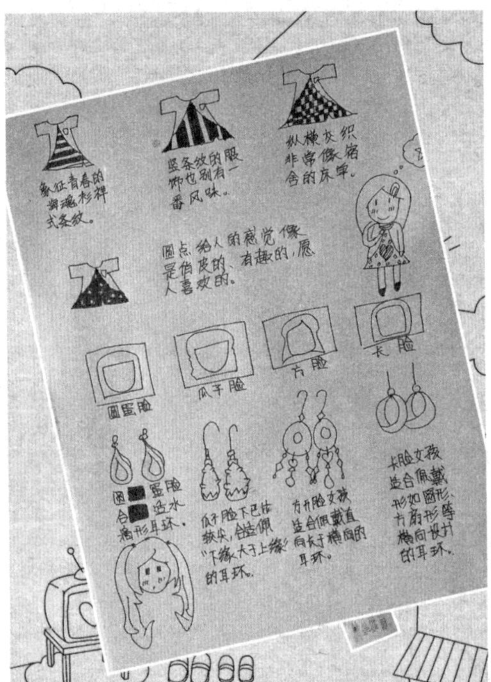
竖条纹的服饰也别有一番风味。
纵横交织非常像宿舍的床单。
圆点给人的感觉像是俏皮的、有趣的，人喜欢的。
圆蛋脸
瓜子脸
方脸
长脸
瓜子脸下巴较狭尖，合适佩"下缘大于上缘"的耳环。
方形脸女孩适合佩戴直向长于横向的耳环。
长脸女孩适合佩戴形如圆形、方扇形等横向设计的耳环。

总结

在这个茫茫人海中,寻找灵感,获得灵感,运用灵感。在整个过程中总有你印象深刻的环节。我在设计中认识自我,找到我所缺少的东西;在设计中放飞自我,让我的创新性张开翅膀翱翔在那无边无际的蓝天下。

在制作课程之前我做好了计划表。首先,我要收集资料,认识线条的花样。象征着青春的海魂衬衫式条纹;竖条也别有一番风味;纵横交错的格子;俏皮有趣的圆点感觉是喜爱的……在风格上也有调查:粉嫩不妨可以尝试一下和漂亮的发卡的搭配,看上去也显得很清新;在这个季节,时尚女孩们偏爱甜美精致的单品。粉嫩的配色给人乖乖女的感觉,通过类似的针织材料混搭,加入厚重感元素,展现造型的立体感,在初秋展示出成熟温柔的甜美诱惑;秋高气爽的日子里,也可以穿一件浅灰色的风衣,配一双深色的鞋子,手提包的颜色可以选深棕色,配一条白色腰带更有韵味。

"小清新"在现代担任重要角色:"小清晰"最初是指一种清新唯美,随意创作风格见长的音乐类型,也就是别人常说的 Indie Pop,即独立流行,之后它逐渐扩散到文学、电影、摄影等各种文化艺术领域。如今,这种起初被评为小众的风格,现在已逐步形成一种亚文化现象,受到众多年轻人的追棒。小清新实质上有点像我们所指的"文静",因为文静这词不够准确特殊,才用小清新代替。小清新风格的人们喜欢独特,别具一格。清新唯美的文艺作品在我国深受喜爱。生活方式深受清新风格影响的一批年轻人,也被叫做小清新。小清新成为文化现象,和 80 后一代有关。小清新的风格已经日益与人们的生活联系起来了。

对于衣服搭配技巧,我也做了相关的调查。暖色博好感。基本上,衣服颜色可以分为三大类:冷色,暖色和中性色。暖色包括红色、黄色、橙色等。这种颜色给人热情、自信、友爱、爽朗的感觉,有助于交朋友,增强自信。冷色增气势。相对而言,冷色及深色的衣服,如黑色,深咖啡色,深蓝色等,能营造出严肃气氛,给人冷淡、神秘等感觉。中性色缓敌意。在应付争论,缓解敌意时,绝对不宜穿上色彩鲜艳的衣服,原因是这种颜色能牵动情绪,容易令人激动。

服装设计是一门综合艺术、时尚、生活、设计的学科,我非常热爱设计,所以我将继续探索这神秘服装设计森林，并从中挖掘出更多的设计灵感和唯美的作品。

制作人：何伊娜

日期：2017/5/13

池恩妮的头饰制作课程

1. 灵感来源

有一天，我轻轻拉开抽屉，里面有好多“宝贝”。绑蛋糕盒的紫白相间的绳子，做手工的泡沫纸，还有一个夹子和一条钻石手链。这让我突然有个想法，不如用它们来变一变，让废品变成宝贝。于是我打量它们许久，脑海中蹦出“头花”二字，这让我想到了那些精美琳琅满目的头花。我决定做三种款式不一样的头花，一个我会取名叫雪中浪漫，还有一个我会取名叫粉色梦，最后一个会叫空中舞者，虽然我还没开始制作，但它们的影子已经如仙女般浮现在我眼前。

2. 制作过程

整理好抽屉里的“宝贝”，准备好剪刀和针线就开始制作。

我第一个要做的是雪中浪漫。它的制作过程听我慢慢道来，首先，把紫色和白色带白点的纱布剪成两个大小一样的圆片，然后，在白色和紫色的泡沫纸上各剪下 15 小片花瓣，用胶水将它们贴在一起，再用小铁丝将它们串在一起，变成一朵花；接着把两种不同颜色的花用线缝在一起；最后，把两朵花缝在橡皮筋上，雪中浪漫就诞生了。

第二个是粉色梦。与上一个对比，粉色梦会简单很多，首先把粉色梦的布料剪成长方形，然后将粉色雪纱放在上面，正反两面折叠6—7次，接着，用线在中间

缝合，再用小钻石粘贴在中间，因为过程十分精致，所以手脚必须麻利还要干净，最后把蝴蝶结缝在中间，缝的时候，因为蝴蝶结太薄，一次、二次、三次，在第四次终于成功了。

最后的作品是空中舞者，它的做法最让人头疼，它的布料是滑质的，就让我给大家讲解吧。首先将紫色丝带左右重叠，它十分细小，时不时会折着折着全散了，所以就会前功尽弃。正因为这样，我和妈妈配合着做，我负责将它整理好，妈妈负责折叠，在中间缝合，将两边分开，在下面剪两条流须，中间多缝一个小蝴蝶结，使它不那么单调，增加创意！三个手工制作的头花就完成了。

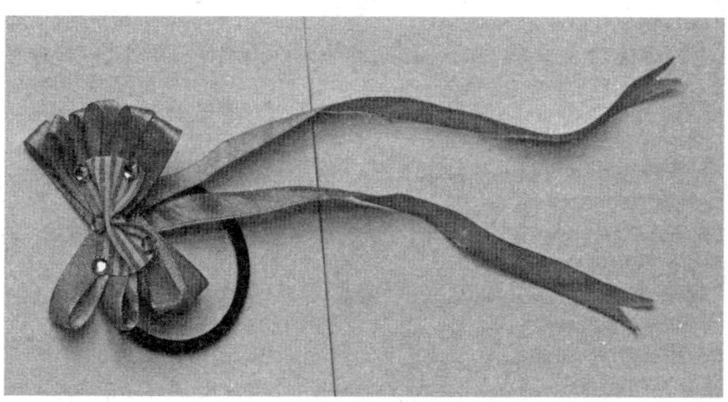

3. 感受

我是一个爱美的小姑娘，经常让妈妈给我买各式各样的头花，这下好了，我自

己会制作头花了，不仅能给妈妈省钱，还可以放在网上卖，赚到的钱可以用来买书，一举两得，想到这，我心里不禁美滋滋的。另外，在制作头花的过程中，我不断去发现，去尝试，用心去感受，用手去创作，用文字去表达，我的小手更巧了，心也更灵了。

张子涵的纽扣画创意课程

1. 灵感来源

郑老师让我们根据自己的兴趣开发课程。我应该开发什么课程比较好呢？我无意间瞅了一眼堆放在柜子上五颜六色的纽扣，灵感突然从脑中闪过。咦，我可以开发纽扣画创意课程，做手工和绘画都是我的强项呢！

2. 材料准备

我迅速抱起那一堆纽扣，冲进房间里，从雕着木花的小盒子里取出我心爱的白乳胶；接着又从笨重的大箱子里翻到了巨大的 A3 纸，挽起袖子，准备开工啦！

3. 制作过程

材料都准备好了，白纸便成了我们挥洒想象力的天地，任何奇妙的事物，都可以用纽扣来表达。我先用铅笔轻轻勾勒出形状，时而精描细绘，时而一笔带过，还真有点艺术家的味儿！一会儿功夫，大大小小的轮廓便跃然纸上，为空空的白纸增添几分色彩；紧接着就是选纽扣，五颜六色、各式各样的纽扣，分别代表不同的意义，要先比试一下需要几个纽扣，分类放好备用；然后我小心翼翼地捧着白色纽扣，抹上黏乎乎的白乳胶，按照刚刚勾出的轮廓贴上去。此时此刻，我的精神高度集中，生怕一个不小心，贴错了位置。一分钟过去了，半个小时过去了，我的头上早已布满了密密麻麻的汗珠，我也终于完成了我的作品。大家猜猜我拼了什么东西？没错，就是一个胖胖的雪人。

4. 成品展示

每天写完作业，我就设计一幅纽扣画。我设计的纽扣画很精美，也很有创意，内容丰富多彩，有动物、植物、风景等。大家看看这两幅纽扣画，一幅是《雪人》，另一幅是《海底世界》，色彩亮丽，线条清晰，纽扣搭配得当，画面形象逼真，让人越看越喜欢。每一幅纽扣画都表达不同的意思，寄托不同的愿望。所有的纽扣画作品都表达同一个主题：让世界更美好！

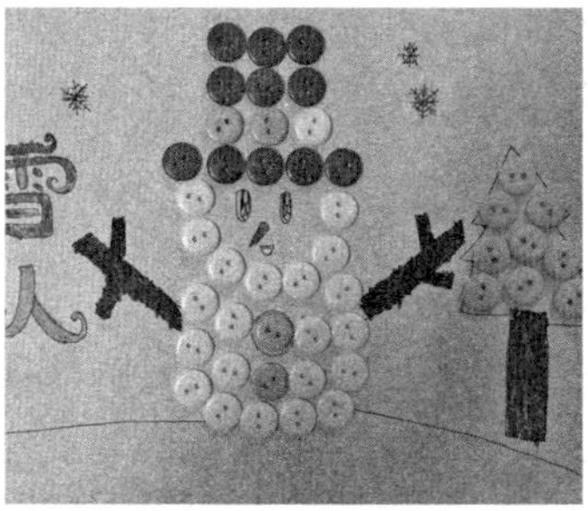

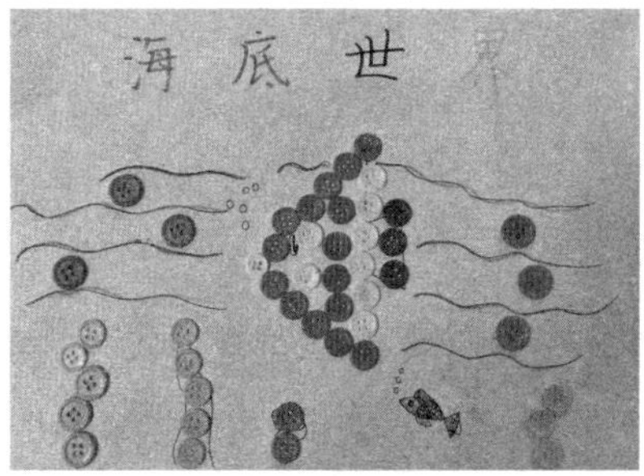

5. 收获

我每天制作一幅纽扣画之后，都会写一份小心得，一起发到班级微信群里分享。同学们纷纷为我点赞，给我勇气，我感觉很有成就感。自从做了纽扣创意画之后，我发现自己的手变得灵巧了许多，文章也有了很大进步。我还把纽扣画裱好，挂在自己房间的墙壁上，我的房间变得很有艺术味儿。我爱美，更爱创造美。

（九）地方文化课程

地方文化作为人类文明的重要组成部分，在世界的变迁和社会文明的演进中昭示着某种当代精神和现代意识。地方文化是一个人的性格、品格、涵养等形成的精神沃土，是一个人精神生命成长的广阔背景。正所谓，一方水土养育一方人。曾经听过这样一个故事，一个女大学生，品学兼优，到国外留学，博士生导师让留学生们介绍自己家乡的民俗和文化特色，但是，这位女大学生却没有办法讲出来，因为她对自己家乡的习俗和地方文化极少关注，一心只扑在读书上，几乎不参与任何地方文化活动。博士生导师告诉这位女大学生，不能收她做学生，建议她用一年的时间回国，对自己家乡的习俗和地方文化进行全面考察，并写成报告，交给博士，合格了才能成为他的学生。

宽语文教育注重地方文化课程的开发与建设，将地方文化的精神营养有机地融入到课程中，加强学生对地方文化的依恋感和认同感。同时，也是促进个体发展的需要，是“回归个体生活世界”的重要体现。宽语文教育可以为学生的个体发展打好精神的底色，理性地建构地方精神与文化价值观，增强爱乡之情。

地方文化课程的开发要充分发挥学生的主动性和积极性，让学生自觉参与，主动探究，通过实践活动，去亲历，去体验和对话，让学生吸收、反省、建构地方文化，成为课程的开发者和学习者，提高学生的知识技能及情感态度价值观，提高语文综合实践能力和核心素养。

地方文化课程开发的内容和实施的空间都是开放的。例如，名胜古迹、自然风貌、人文景观、民俗风情等都是地方文化课程的开发资源，也是课程实施的场所。在地方文化课程的实施过程中，我们注重指导学生通过对地方文化的考察与学习、探究与思考、分析与总结，充分发挥学生的自主性和创造性，发展学生的学习力和创新力。

深圳是一个现代化的花园城市，目前有大大小小的公园 911 个，其中红树林公园、莲花山公园、笔架山公园、梧桐山公园、仙湖公园、荔枝公园、中心公园等是孩子们经常光顾的地方。孩子们在公园里奔跑嬉戏，放风筝，坐游船，骑自行车，玩游戏，了解植物和动物，观鸟写生，欣赏美景，放松心情等，在大城市里，公园就是孩子们亲近大自然的最好场所。深圳的每一个公园都是绿树成荫、芳草碧翠、花团锦簇、湖水清澈、景色怡人，还有一些人文景观，充满了浓郁的文化气息，沉浸其中，让人心旷神怡，悠然惬意。我们利用深圳的公园资源，指导学生开发公园文化课程，让孩子们在老师或者家长的带领下，分小组，三五成群到公园里去了解公园的建设时间、占地面积、景观特点、人文文化等，在观察、采访、询问、取景、拍照、欣赏、感受之后，用照片、音乐、文字等整合成图片并茂的、有观赏和珍藏价值的公园文化课程美篇，在班级微信群里一起分享。

第四章　课堂，温润的存在

课堂应该是书香飘逸的地方，是文化温润的存在。真正的阅读应该是一种心灵的旅行，你可以足不出户，却可以欣赏到五彩缤纷的美景，使心情愉悦，赏心悦目、心旷神怡；也是与智者的一次对话，是精神生命的养育过程。阅读虽然不能改变生命的长度，却能改变生命的宽度和高度。

课堂应该是书香飘逸的地方，是文化温润的存在。

长期以来，语文课堂高耗低效的现象还是比较严重的。一个学期教一本教材，每一篇课文要用两到三课时精讲分析，有些老师还会配合着几种教辅材料一起，讲完了就练，练完了就测，进行大量的题海训练，把时间和精力都放在二十多篇课文的精讲多练上，学生的阅读量根本没有达标。经过题海战术训练出来的学生题感是提高了，但是语感却没有办法提高。人教版部编教材进行了改革，增加了许多新的阅读篇目，还将整本书的阅读纳入课内进行。于是，有些地区的考卷就增加了课外阅读理解题的分值。聪明的家长们为了让孩子们的阅读理解题不丢分，索性从一年级就开始买阅读测试教辅书给孩子们做，或者让孩子们在网络上进行阅读答卷。阅读本来是一种精神享受，应该让孩子们轻松愉快地阅读，培养孩子们的阅读兴趣，尤其是小学阶段的孩子们。功利的、唯分数的阅读，只会压抑孩子们的阅读兴趣，阅读的兴趣不浓，心不在焉，走马观花，又如何能提高阅读理解力和感悟力呢？这样的阅读就是低效阅读，或者无效阅读。

我曾经批改过一个学校的五年级的期末试卷，试卷里有这样一道题：你最喜欢读的一本书是什么？你觉得课外阅读有什么好处？在二百五十多个学生当中，除了十几个学生回答阅读可以增长知识，开阔眼界之外，其他的学生无不回答：课外阅读可以积累更多的好词好句，学到更多的知识，这样才能考高分。很明显，绝大部分学生认为课外阅读的最终目的就是提高考试分数。这个答案虽然也不算错，但这样的回答不禁令人警觉。孩子的阅读怎么就窄化到“得高分”，异化成追逐功利的考试“工具”。培根曾说过：“读史使人明智，读诗使人灵秀，数学使人周密，物理使人深刻，伦理使人庄重，逻辑与修辞使人善辩。”其实，真正的阅读应该是一种心灵的旅行，你可以足不出户，却可以欣赏到五彩缤纷的美景，使心情愉悦，赏心悦目、心旷神怡；也是与智者的一次对话，是精神生命的养育过程。阅读虽然不能改变生命的长度，却能改变生命的宽度和高度。

“宽阅读”教学就是针对学生阅读的“窄化”、“异化”现象，培本归元，还原阅读教育的生命活力，其最根本的理念就是将课外阅读和课内阅读有机整合。打破一个学期学习一本教科书的局限，打破一篇课文学习两三节课的模式，提倡一篇带多篇、一本带多本的主题阅读教学形式。将精读、略读和浏览有机整合，不仅注重在阅读教学中提高学生的听说读写能力，还注重在阅读过程中对学生心灵的感染熏陶和对生命的浸润滋养，提升学生的阅读能力、审美情趣，人生观和价值观，打造人的语文，人的阅读。

“宽阅读”教学不仅注重阅读的量，阅读的宽度，还注重阅读的质，阅读的深度。在阅读教学实践中，阅读的碎片化、浅层次和断续化，严重影响了阅读的质量和阅读的品质，不利于培养学生的阅读力、理解力和感悟力。因此，“宽阅读”教学在注重阅读宽度的同时，更注重阅读的深度，提倡整体性阅读、深层次阅读和终身阅读等，以此来培养学生思维的系统性、批判性和持久性，在阅读教学的过程中切实培养学生的批评性理解能力和鉴赏性感悟能力。

“宽阅读”教学，注重阅读与理解、积累、表达、写作，阅读与思考、质疑、鉴赏、批判、创造，阅读与朗诵、表演、绘画、创意设计等结合。根据主题整合文本，调动学生所有的感官充分地参与阅读，用心触摸文本，感悟文本的内涵，与作者，与主人公充分对话，思维碰撞，心灵共鸣。学生一边阅读，一边质疑、思考、鉴赏、批判、表达、创作等，披文入境，披文入情，深度阅读，在阅读中培养学生的思辨能力和创造力，提高学生的阅读能力和品质。

“宽语文”阅读教学一般有四种课型：1 + 1 读写结合课、1 + 3 拓展阅读课、主题群文阅读课和全书阅读课。每一种课型都由学生的自主阅读开始，边读边思考，发现问题，提出问题，并在问题的引导下，在老师的点拨下，深入理解和感悟，鉴赏评价，互动交流，碰撞生成，创意展示等，让抽象的文字所蕴含的形象画面浸染熏陶学生的心灵，让酸甜苦辣咸五味感情丰富厚重学生的情感世界，让仁、善、爱的精神启迪学生的智慧，丰富他们的生命，浸润他们的心灵，成为他们的精神营养，提升学生的精神生命质量。崔峦老师说："语文要在守正的基础上出新，要把基础打牢，把语文的根留住。"他还说："在我们的语文教学中，一方面要加强阅读教学，另一方面要加强读写联系，做到读写渗透，读写结合。"在语文教学中教师要注重培养学生的听、说、读、写、思能力，注重学生的积累、内化活用、品析鉴赏、感悟体验、浸润丰厚、思辨创造……

一、1+ 1读写结合课型

1+1读写结合课型其实就是鉴赏品悟的单篇精读课型，主要任务是精读品悟一篇文章，然后写一篇与这篇文章有关的练笔。精读文章时要鉴赏品悟语言文字的形象美、内容美、思想美、情感美和韵律美，体验汉语言文字的精神和力量，体会它的博大精深，丰润和慧美，让中华民族文化的精髓，浸润到学生的心灵和骨髓里去，成为他们灵魂的一部分，从而受到审美教育，使他们赏心悦目，身心愉悦，生命怒放。然后，引导学生把自己的阅读感悟表达出来。善于感受的人是幸福的，善于把感受表达出来的人更是幸福的。这就是我们开发的1+1读写结合课型。在实际的教学过程中，我们会根据教学目标和学生实际，把阅读与写作两个因素紧密结合起来，通过有目的、有系统、有序列的训练手段，以读带写，以写促读，读写结合，开展让学生了解知识、掌握方法、运用知识和方法，培养和提高读写综合能力的教学实践活动。一般情况下，读写结合的切入点有以下几种：一是从学生的兴趣点和感动点切入；二是从文本的关键点和关键词句切入；三是从意境的空白点切入，例如古诗的意境描摹就是很好的练笔；四是从情感的升华点切入，例如《触摸春天》中盲童对生活的热爱，就可以引导学生联系生活经验和阅读经验，展开联想和想象写作；五是从生活的衔接点切入，例如，教学《春雨的颜色》，可以让学生到公园里找春天，观察春天的景色，展开一系列的综合性学习活动，然后选择自己最感兴趣的景物写作。读写结合的方法有很多。例如依葫芦画瓢（仿写）；见缝插针（补白）；柳暗花明（续写）；绝处逢生（改写）；穿针引线（串写）；改头换面（创写）等。

例如，在教《桂林山水》时，我按照“意、境、情、韵、创”的文本解读思路，让学生充分阅读，用默读和朗诵的形式，理解文章表达的主要意思，重点描述桂林的山的特点：奇、秀、险，漓江水的特点：静、清、绿；接着，再让学生轻轻朗诵，一边读，一边想象画面，联想文字所蕴含的美丽画面，感受“甲天下”的桂林美景；再接着，让学生在小组里用自己的话说说对桂林山水的感受，与作者对话，从作者形象的比喻和感叹语句中去感受作者对桂林山水的热爱和赞美；然后，在老师的引导下，对比句子，细细地去品味排比句的妙用，轻轻地去吟咏描写山水的句子，声情并茂、抑扬顿挫、高低错落、虚实有序，充分感受语言文字的韵律美；最后，把学生带到校园里观察霸王棕树，让学生模仿桂林山水的写法进行创作。学生抓住霸王棕的高大、挺直、翠绿三个特点，写得生动传神，有的学生还写出霸王棕的威武和霸气，把树的气质和树的精魄都写出来了。

再如执教《爱莲说》一文时，我没有采用串讲的方式，而是引导学生一遍又一遍地精读这篇文言文，每一次读都要带着问题，带着疑惑，在质疑问难，讨论碰撞，联想体验的过程中，一点一点，一层一层地品悟莲花的秉性，在理解文本的意、境、情、韵之后，大胆创作，即兴图文并茂地写诗文，抒发感想体会，或者朗诵、写书法等，做到了1+1读写结合，提高学生的阅读理解能力和写作能力。下面是《爱莲说》的实录，还有工作室吴俪蓉和几个老师听课后写的感受。

课例1

《爱莲说》课堂实录

执教：郑冬梅

一、谈话导入，激发兴趣

夏天到了荷花开了，孩子们看屏幕上，这是谁？（出示图片）

生：荷花。

师：请张莹莹小朋友说说，你觉得夏天的荷花怎么样啊？

生:我觉得很圣洁。

生:我觉得很高雅,很漂亮。

师:请杨子来上来画一画荷花。

师:请将你们说的词写在黑板的右边。

师:你们对荷花还有什么印象呢?我们来回忆一下,(出示图片)来说一说你对荷花有什么印象?

生:荷花亭亭玉立。

生:我觉得荷花很娇媚。

生:我觉得荷花洁白无瑕。

生:荷花正直、高洁。

生:我觉得荷花香远益清。

师:请看大屏幕,一位宋朝的哲学家叫周敦颐,他也写了一篇短文,叫做《爱莲说》。

师:请吴尚滢小朋友把《爱莲说》课题板书在黑板上。

师:《爱莲说》是什么意思呢?

生:就是说一说喜爱莲花的事儿。

二、初读课文,整体感知。

师:请同学们打开课本,自由读,把文章读通、读顺。一边读,一边圈画批注,不动笔墨不读书。

学生自由读课文,老师巡视倾听,即兴指导。

师:现在请你们再默读一遍,把生字的拼音标注出来。

学生默读注音。老师巡视检查,即兴指导。

师:老师开始考考你们了。(出示生字)

指名学生读,然后小组互读。

师:请组长当考官,来考考组员词语的意思。

小组内互相考查。

师：我来考考你们，“亵”是指什么？“蕃”是指什么？……

学生答。

师：我来考考你们，谁来读一读这篇的短文？指名学生读，老师即兴评价。

师：这是一朵轻轻巧巧、淡淡雅雅的莲花。

师：这是一朵亭亭玉立而且柔美的莲花。

师：请一位男生来读。

师：这是一株正直洒脱的莲花。

师：这是一株努力而且想冲破淤泥的莲花。

师：让我们用像这位同学这样的语气、语调来齐读《爱莲说》。

学生齐读。

师：谁能用自己的话来说一说这篇短文的意思。

指名说。

三、精读课文，深入探究

师：读了这篇短文，谁有问题要问？有问题的请举手，我们来请会的同学解答。

生问：作者写菊是为了什么？

生答：是从正面衬托莲的形象。

生问：为什么说莲花是君子？

生答：因为莲花是极其高尚的，也不与世俗同流合污。

生问：为什么大部分的人喜欢牡丹？

生答：因为许多人喜欢富贵。

师问：你喜欢富贵吗？

生答：不喜欢。

师：喜欢富贵没有错，但是我们要做精神的富贵者，而不仅仅是物质的富贵者。

生问：作者为什么喜欢莲花？

生答：因为莲花就像一位品德高尚的人。

生问：作者写牡丹是为了什么？

生答：从侧面衬托莲的美丽。

生问：作者用莲花托什么志？

生答：托君子之志。

师：老师也有问题。出示大屏幕，莲花有什么品性？

生说：品格高尚。

生说：正直高尚。

生说：圣洁，超凡脱俗。

师：看着黑板有什么问题？

生：洁白无瑕的“瑕”写错了。

师：作者从体态、环境、香味、气质来写她的品性，来托物言志。但是，老师在制作课件时发生了一个错误，看谁能认真发现。

生：君子的品质是不趋炎附势，不追逐名利。老师少写了一个“不”字。

师：这位同学观察真仔细，应该在前面加上个“不”字。还有没有错呢？

生：“优雅”的“优”字，写成了“悠闲”的“悠”字了，错了。

师：可是老师就特别喜欢这个“悠闲”的“悠”字，你们想一想，看看能不能把“优雅”的“优”字，换成“悠闲”的“悠”字，也可以去问问台下听课的老师。

生：我认为不能。

生：我认为应该可以吧。

学生采访台下听课的老师。

师1答：中国的汉字有很多规定，是不能混淆使用的。

师2答：“优雅”的第一种解释是(指物)优美雅致，例如环境优雅；第二种解释是(指人)优美高雅，例如仪态优雅。“悠雅”这里指人悠闲雅致的一种状态，我认为是可以换的。我是查了百度字典的。

师：这位老师非常好学，在不确定的时候，就迅速查字典。我们要向这位老师学习。

师：出示刘禹锡的诗句，让学生自读自悟。

身出淤泥色自妍，满池新艳动人怜。

团团绿叶连天碧，朵朵娇姿映日鲜。

不蔓不枝含郁馥，中通外直喜清涟。

荷花堪比真君子，无怪前人说爱莲。

学生自由读悟，并用自己的话说说诗句的意思。

四、拓展创作

师：我们来读一读朱自清的《荷塘月色》，读完以后有没有喜欢的句子？来说一说，指名说。

生：我喜欢，“水光如流水一般，静静的，在叶子和花上。”这一句，写得非常好，因为水光如流水似的，倒影在荷花上。

生：我喜欢“叶子中间，零星地点缀着一些白花。”这一句。我仿佛看到了晶莹剔透的水珠洒落在荷叶、荷花上，给它们又添加了一份美丽。

师：这是我们学过的《江南》和《小池》。（出示）

齐读。

师：我们听着歌来写写对莲花的印象，可以用诗，可以图文并茂，也可以用几句话来写一写你对莲花的印象。

学生自由创作。

请同学们来展示自己的作品。

生1：《爱莲说》我觉得很好，特别美，于是我把莲花的特点用图文并茂的形式来表示。

生2：莲，圣洁高雅，清秀质朴，它出淤泥而不染。它洁白无瑕，美而不妖艳，还有什么比莲花更美，更芬芳呢？

生3：我写了一首小诗《夏日莲花》。

炎炎夏日，碧绿池塘，

花之君子，悄然开放。

莲花之美，莲花之魅，

中通外直，不蔓不枝，
纯洁无瑕，清雅高洁，
不妖不媚，清新朴素，
谦谦君子，温文尔雅，
悠悠淑女，温润如玉，
夏日莲花，悠然芬芳。

生4：我写了一篇文章《莲花》。

我喜爱莲花，它粉红粉红的，认真看，还有点儿泛白。

粉白特配绿色，就如莲花在水上种着，出太阳的时候，宛如仙子一般的莲花倒映在水面上，就像一幅活的画。又大又圆的莲叶就像一个个碧绿的银盘，小水珠在莲叶上快乐地滑滑梯，一不小心，咕噜地滑落到池塘里。

我们几个小伙伴经常到池塘边上欣赏莲花。看，美丽的它，优雅的它，可爱的它，映在水上，不时会发出淡淡的香气，香远益清，沁人心脾。小蜜蜂“嗡嗡嗡”地飞来，是闻到了莲花那清清、淡淡的香气了吗？还是莲花那美丽、优雅的姿势迷住了它们吗？让它们陶醉在花丛中，流连忘返，久久不愿离开。

莲花的花瓣是有顺序地叠加的，它从上到下都是粉到偏白的，中间有黄黄的像小滋米一样的花蕊，黄得娇艳欲滴，叫人不禁心生爱怜。有时候，花蕊上还有晶莹剔透的露珠，就像一个个小小的珍珠。如果你凑上去，用舌头轻轻舔一舔，清凉甘甜，还带着莲花的淡淡清香，顿时让你神清气爽，心旷神怡。

啊，莲花，你清净、优雅而迷人。

莲花，我爱你！

莲之梦

深夜，星星闪烁，
莲，静然入梦，
优雅地卧在水面上，
——睡莲。

早晨，太阳格外明媚。
莲显得高洁，仪态端庄。
叶的翠绿衬着花的粉红，

一幅鲜活的仙子出水图。
晶莹的“珍珠”随风滑落，
清新的莲馨丝丝入心，
仔细品闻吮吸，
芬芳四溢，香远益清。

莲之高雅，莲之圣洁，
如清风君子，
如皎月淑女；
莲之朴素，莲之纯洁，
如蒙童处子，
如花中仙女。

一阵微风拂过，
莲儿翩翩起舞。
蜻蜓流连忘返，
青蛙引吭高歌，
大树频频点头，
小朋友欢笑嬉戏……

莲之梦，
梦之莲！

莲乡

莲，在蒙蒙细雨中，
格外引人注目，
更加洁白无瑕。
细细品味，
莲更为活泼、纯真。
叶上水珠，
在阳光下闪烁，
晶莹剔透。
远远望去，
翠绿中的嫩粉，
就像宇宙中的繁星，
虽然普通，
却高洁无比，
清香远溢。

我心中那朵莲花，
圣洁，质朴，
慢慢开放……
莲在指尖上跃动，
像个孩子般美妙，
在风中翩翩起舞。
雨后，
“珍珠”随风飘舞，
做个莲上公主。

听郑冬梅特级老师执教《爱莲说》有感

初中的课文拿到小学四年级来上？可能吗？回答当然是肯定的，郑冬梅老师用她灵动的课堂响亮地做出了回答。听了郑老师的课，深深体会到了教师丰厚的语文功底、教学风格和教学魅力，教师语言优美、丰富，感染力强，充分调动了学生学习文言文的兴趣。本节课教师让学生在读中感悟领会，教师的主导作用得以发挥，并运用朗读法和自主学习，探究质疑等方法，激发了学生学习兴趣，收到了良好的教学效果。

联系生活，观莲说莲

语文课程标准里提到，语文是人文性与工具性的统一。郑老师经常跟我们强调我们的语文是“宽”语文，如果把语文比作树，那么生活就是根。只有根深芽壮，才能枝繁叶茂。在这堂课里，郑老师首先在轻松的谈话中导入，展出孩子们在平日里观赏荷花的照片，指名让照片中的孩子说说观看荷花的感受。由于贴近自己的生活，孩子们都能自信地表达，喜欢画画的孩子还在黑板上画了美美的荷花。由此可见，语文教学只有紧紧联系生活，根植于生活，语文才会焕发生机。

合作探究，以读促悟

小组合作的形式经常被运用到教学中来，但是很多都仅仅局限于一种形式，看似热热闹闹，实则收效甚微。但是郑老师的课堂就不同，从孩子们的课堂反馈情况来看，小组合作非常高效。通过一个小组长当考官的形式，当场测试组内成员重点字词的理解与掌握，为深入理解文本，扫清字词障碍做好了充分准备。而后通过“以读促悟”的方式，在一遍又一遍的朗读中理解文本，感悟文本，赏析莲的品质。郑老师的评价语非常丰富，根据孩子不同的朗读情况及时进行评价反馈，比如：你读得流利、有感情；你读出了莲的娇柔与美丽；你读得抑扬顿挫；你读得铿锵有力；你就是那朵品质高洁的莲……

才艺展示，精彩生成

郑老师的课堂是丰富多彩的，不仅仅是在教孩子们一篇课文，一点语文知识，还巧妙地将孩子们的才艺都展现出来了。她没有喋喋不休满堂灌，而是将整个课堂还给孩子们，把时间留给孩子，为孩子们搭建展现自我的舞台。你方唱罢我登台，瞧，孩子们

一个个地展示了自己的绘画、朗诵、书法、诗文等才艺，尤其是学生即兴创作的图文并茂的赞颂莲花的诗文，非常精美，令人感动。这些才艺的展示都是被郑老师巧妙地安排在课堂里，而且跟课堂学习内容有关，行云流水般地蕴藏在教学环节中，完全看不出来精心设计的痕迹。这种对孩子的赞赏、鼓励的深处，是对每一个个体生命的尊重与关爱。我们在课堂里看到了每一个生命的绽放，是那么投入，那么自信！

文学作品中的意象总是有着丰富的诗意，古文亦是如此。正如那一朵朵莲，象征着君子高洁的品质。听孩子们的朗诵，或抑扬顿挫、或铿锵有力；观亭亭玉立的荷，或迎风舞动、或摇曳多姿，整个课堂就是一首美丽的诗，在郑老师的娓娓道来中，静静地流淌着诗意。

执笔：吴俪蓉

吴俪蓉：文学作品中的意象总是有着丰富的诗意，古文亦是如此。正如那一朵朵莲，象征着君子高洁的品质。听孩子们的朗诵，或抑扬顿挫、或铿锵有力；观亭亭玉立的荷，或迎风舞动、或摇曳多姿，整个课堂就是一首美丽的诗，在郑老师的娓娓道来中，静静地流淌着诗意。

周海婷：受益匪浅，从学生的一言一行可以看出郑老师平常的用心，一堂充满艺术性的课堂蕴含极高的文学素养，老师从容的姿态散发着悠然的气息，孩子对"优雅"

一词的坚持体现君子有主见，坚定立场之心。

蓝　剑：郑老师，扎实的教学厚韵，深邃的教学思维，独特完美的教学艺术，始终站在儿童视觉、儿童生活、儿童思维去引导、激发、熏陶学生，特别是本真的课堂教学，纯真的文学润泽，科学扎实的语文训练，积极探索、推陈出新，推行“文学鉴赏与小古文”教学新课堂，值得我们学习！

梁图红：语文新课标明确指出：“阅读是学生的个性化行为，不应以教师的分析来代替学生的阅读实践。”郑老师执教的《爱莲说》，创设情境，引导学生确定问题；孩子们在课堂上自主合作，求解过程；在诵读的过程中发展迁移，鼓励孩子们开展多元性评价。听郑老师的课，让我更深刻地感悟到：文学是生活的反映，阅读是生活的组成部分，阅读和生活的关系是非常密切的，所以应当树立为人生而阅读的观念，既要关照别人的生活，更要关注自己的生活；既要为今天的应试去认知和理解，更要为明天的发展去批判和创新。向郑老师学习！

詹雪莲：听郑老师这节课如幻如梦、如诗如画、如坐春风、如沐天籁……清新自然，柔韧有余！郑老师活用教材，充满灵气的课堂，妙不可言的课堂机智实在让人佩服。创设情境，确定问题；自主合作，求解过程；发展迁移，效果评价，美轮美奂。在诵读古文，解读文本以及孩子们对文本内涵内化过程，尤其谈“悠雅”和“优雅”的区别等等环节，都可看出孩子们阳光、自信以及平时丰厚的语文功底。整堂课似无要求，实有所求的诵读过程意在读通文句，意在读出节奏，诵出韵味，从文字的准确到理解到文段的解读再到文本的深度，郑老师把握得非常巧妙。听君一堂课，如赏莲花香！

李江梅：悠然荷香飘，优雅气质展。郑老师的课给我的感觉总是那么从容、淡雅而又丰富、蕴藉。从小古文到古诗到经典现代文，孩子们学得不亦乐乎。缓缓流淌的音乐，精心挑选的图片，在郑老师营造的诗情画意中，孩子们吟哦诵读，品思写画，其情深深，其乐融融。

刘　薇：听了郑老师的《爱莲说》一课，感触很深。教师讲得再多，也是教师的；学生学得再少，也是学生的。郑老师在这一堂课中贯彻了一条很有价值的教学理念：培养学生创新阅读的习惯。这种教学要求学生在阅读过程中能有自己的情感体验，初步领悟作品的内涵，从中获得对自然、社会、人生的有益启示。对作品的思想感情倾向，能联系文化背景作出自己的评价；对作品中感人的情境和形象，能说出自己的体验；品味作品中富于表现力的语言。整个教学过程中，我最大的收获是明白了：和谐的学生和教师的关系。学生是学习的主人，教师是学习活动的引导者和组织者，这是新课标、新理念对师生关系的重新定位，语文新课标也明确指出："阅读是学生的个性化行为，不应以教师的分析来代替学生的阅读实践。"因此，郑老师贯穿在课堂中的一条主线就是让学生去阅读去品味。郑老师把阅读的主动权交给学生，又积极发挥帮学作用。课前准备的关于莲花的图片为学生提供更多的阅读体验。课间的一拖三阅读：诵读与荷有关的散文，古诗，学生从读中悟，从读中感！所以才有无数精彩的生成，自由的发挥。尊重孩子，信任孩子。孩子们太幸福了，课堂上不仅拥有最好的老师，还拥有最好的朋友！郑老师教爱莲说，从小组字词考一考，到鼓励孩子下台去寻找解答，再告诉孩子，横看成岭侧成峰，答案并不是唯一的，告诉孩子不要盲从。这就是为什么孩子们的脸上都有一种优雅自信。郑老师真的是一位心灵导师！

徐伟萍：整整一节课，美得着实让人陶醉。郑老师优雅的举止，和煦的笑容，如诗如画的导入，阳春白雪般的音乐，孩子们主动学习的热情，如醉如痴的朗读，敢于挑战权威的勇气，善于发现问题，积极寻求解决问题的途径……这一切的一切迸发出的生命光彩如此亮丽、如此夺目，又如荷花般清香阵阵，沁人心脾。

程雯洁：《品濂溪之爱莲，得悠然之悠雅》

前几日听闻郑老师要上一节古文课，很是兴奋，因为对于小学的古文教学一直很有兴趣，但在实践上又是一片空白。昨日将濂溪先生的《爱莲说》细细品读，琢磨再三，也捋不清这样一篇名家之作如果自己来教学该从何入手。今天听了郑老师的古文课，耳目一新，实在享受。充满诗情画意又趣味盎然的宽语文教学，既守住了语文教学的根，又打开了语文阅读教学的新视野，让语文教学的外延与内涵都变宽，变活了。在课堂上，郑老师时时都是美丽优雅，从从容容。先跟孩子们聊对荷花的印象，让孩子们打开思路，和生活产生联结，说一说，写一写，画一画，然后才将课文引入，直接解读文体、介绍作者。在孩子们有了初读体会，扫清了生字障碍后，用小考官的方式引导孩子们自己读释义、解释义，在理解了重点字词的基础之上，再来以挑战的方式检查孩子们对课文的通读和理解程度。每一个孩子站起来读完，都会得到郑老师用形容莲花品性的词语所做的精彩点评，这样无痕地将莲花的品质深深烙印在孩子们的脑海里，哪一个孩子还能把握不好莲花身上的品质呢！所以，在孩子们一问一答合作理解课文的时候，几乎所有的孩子都能很好地把握文章的重点。不用老师教，通过合作、交流，向自己的同学学习，将课堂学习的自主权交给学生。老师最后只再提炼一个重点问题，让更多的孩子再来夸一夸莲花的品质，这样一来，即使是郑老师自己都没有发现的课件错误，孩子们一读就立马发现了，这里又再次检测了孩子们学习《爱莲说》的收获和理解深度。郑老师的"悠雅"，或许孩子们这一时还难以理解，当日后他们再次回忆起自己的老师，回忆起《爱莲说》，一定会觉得这是最适合评价莲花的词，也是最适合评价郑老师的词。看到郑老师拿出高中才学的《荷塘月色》，开始还有点惊讶，不知道小学生能理解多少。但当老师让孩子分享阅读感受的时候，站起来读和说的孩子，都给了我们精彩的表现。古诗词中，对莲花的吟咏、佳句不少，孩子们一读再读，对莲花的称颂自然也能娓娓道来。整节课，只对最后那首歌曲的选择，说一点自己不成熟的小建议，如果换成古筝名曲《出水莲》，再配上出水芙蓉的图片集，降低音调，让孩子们置身温婉柔美的音乐中，进行创作，感觉也很美。

李嘉慧：今天听郑老师的课，不禁感慨，中学文本进小学课堂原可以如此从容。课堂上，郑老师先从孩子们生活中的赏荷聊荷花印象，让我想起早些年教育家陶行知的一个有趣的比喻——教育好比是蔬菜，文字好比是纤维，生活好比是维他命。以文字为中心而忽略生活的教科书，好比是有纤维而无维他命之蔬菜，吃了不能滋养体力。可见，融入生活的教育能发挥更大的效用。整节课下来，孩子们灵动、洒脱、坚持，郑老师从容、柔和、雅致。印象最深刻的是孩子们一个接一个根据自己的理解朗读《爱莲说》，阶梯式的品读在郑老师的点评中显得尤为丰富、浓烈，令人回味。

陈　广：听了郑老师的课，有一个词总在脑海里萦绕——智慧。郑老师的课，除了一如既往的自然，悠雅，大气之外，我觉得更充满智慧。一堂课中，有文，有诗，有字，有画，有歌，有情……而且能把这些进行巧妙设计，融合在课堂各个环节中，发挥其教学实效，并且使其最大化。不仅仅此处体现出智慧，郑老师的课堂把控和应变能力，也是智慧满满。点评激励，错别字的利用，堂上堂下师生互动……特别是错处的利用，不管是无心之失，还是有意为之，都是巧妙无比，一个名师的智慧尽显无遗。一句话，每次听郑老师的课，总是收获满满。

汪　海：听着郑老师《爱莲说》的课堂中，我仿佛觉得自己置身于大自然之中，我的眼前就是一片荷塘，而这群可爱的好孩子就是一朵朵美丽的荷花。他们自信，向上，阳光。他们时而低首晗眉地思考，时而个性张扬地发表观点，时而高声朗读，时而低声交流。至于郑老师，我不想说，她是这一池荷花中最美的一朵，我只想说，她像阳光照耀在每一位孩子的脸上，令每一张脸庞都熠熠生辉。她又像雨露，滋润着每一片绿叶每一朵花。她像荷花们脚下的那一潭清水，时时提醒着孩子们，看，你们有多美！我更坚定地说，她是一阵灵动的微风，在她的荡漾下，这一池的荷花都在翩翩起舞，她不仅令孩子们香远益清于眼前，更能亭亭净植于未来。是的，我坚信！

课例 2:

《荷叶圆圆》课堂实录

执教：郑冬梅

《圆圆的荷叶》课堂实录

师：今天我们继续学习《荷叶圆圆》。上节课我们学习了生字、生词。这节课我们来考考大家，哪个小组愿意上来？举手。亮牌。请必胜小组。（课件出示任务）

生 1：请问：一支羽毛。打一个字。

生 2："翅膀"的"翅"。

师：她答对啦。

生 1：你真棒。

生 3：请问：三个太阳挂在天上，打一个字。

生 4："晶"字。

生 3：你真棒。

生 5：请看我的动作打一个字。（做双手摇摆状）

生 6："摇"字。

生 5：表扬你。

生 7：请看我的动作打一个字。(做蹲下状)

生 8:“蹲”。

生 9：请问：一个人站在凉亭旁,打一个字。

生 10:“停”。

生 9：你猜对了。

生 11：请问：一只大大的粗尾巴羊。打一个字。

生 12:“美”。

生 11：你真棒。

生 13：一个月亮在旁边,打一个字。

生 14:“膀”。

生 15：请看……

师：请看我的动作。

生 15：请看我的动作,打一个字。(做蹲下状)

生 16:“蹲”。

生 15：答对了,你真棒。

生：这个说过了。

师：都可以的,重复也是可以的。

师：小朋友们注意看郑老师,郑老师也想当考官,同不同意?

生齐：同意。

师：老师要找一个小朋友来。注意看,在一位同学头上放上草冠,猜猜是什么字?

生齐:“草”。

师：不对,再猜猜。要不要提示?

生:“荷”。

师：对了,这位同学姓何。所以何字上面带了草头是什么字?

生齐:“荷”字。

师：对。小朋友们看这个荷叶,你想说什么?(在黑板上贴出一张荷叶。)

生3：这个荷叶好大啊，也好绿啊。

师：好大好绿的荷叶。

生17：它又大又胖。

师：她又大又胖。很厚实，是不是啊？说得好。

生18：它很可爱。

师：很可爱。对，书本上面是怎么说它的？

生：圆圆的。

师：郑老师先夸一夸好不好？

生齐：好。

师：荷叶，圆的，绿的。你们觉得郑老师夸得好不好？

生齐：好。

师：都觉得好吗？有没有不同意见。

生齐：没有。

师点名。

生17：很好。

生19：太简单了。

师：太简单了。郑老师还想你夸夸它，你想怎么夸它？来。

生19：这个荷叶很可爱。

师：用了一个“很”字，还有“可爱”很好。

生20：这个荷叶很美丽。

师：你对它很有感觉。很好。再听郑老师夸一遍。荷叶，圆的，绿的。郑老师夸得有没有感觉？

生2：很好。就是太单调。

师：那你再夸一下。

生2：它又圆又胖很可爱。

师：她加了一个“又”字。还有谁想夸，比郑老师夸得更好。

生22：荷叶又圆又大，真可爱。

师：课本上是怎么夸的？小兔子怎么夸它的？一起来。

生齐：荷叶圆圆的,绿绿的。

师：同学们觉得是郑老师夸得好,还是小兔子夸得好？

生：小兔子。

生：郑老师。

生 23：老师,您要像小兔子一样重叠两个“荷叶圆圆的,绿绿的。”

师：郑老师夸的是圆的,绿的,没有用两个叠字。用两个叠字,就更圆了。好,大家一起来夸夸它。

生齐：圆圆的,绿绿的。

师：你看,这就更圆啦,更绿啦。好,请小朋友打开课本,我们一起来读书。我们来开火车读怎么样？

生齐：好。

师：火车火车从哪儿开？

师：从这组开。

生：荷叶圆圆的,绿绿的。

生：小水珠说:“荷叶是我的摇篮。”小水珠躺在荷叶上,眨着亮晶晶的眼睛。

生：小蜻蜓说:“荷叶是我的停机坪。”小蜻蜓立在荷叶上,展开透明的翅膀。

生：小青蛙说:“荷叶是我的歌台。”小青蛙蹲在荷叶上,呱呱地放声歌唱。

生：小鱼儿说:“荷叶是我的凉伞。”小鱼儿在荷叶下笑嘻嘻地游来游去,捧起一朵朵很美很美的水花。

师：好,刚才大家一起读完啦,有没有发现问题？

生 24：刚才,那个鱼儿,他们读成鱼。

师：哦。小鱼儿。小鱼儿。(示意学生跟读。)

生齐：小鱼儿。

生 25：刚才那一组把停机坪(píng)读成了停机 pín。

师：哦。停机坪。来,跟着老师读,停机坪。

生：停机坪。

师：不要再读错了啊。

生 2：刚才有同学把很美很美，读成了很 měn。

师：很美很美。一起读。

生齐：很美很美。

师：好。小朋友们，我们读书，要一边读一边想象。让我们一起读课文。

生齐声朗读课文。

师：爱提问题的孩子才是最聪明、最智慧的。一边读课文还要一边思考问题。谁来提问题？

生 26：小水珠是怎么形成的？

生 5：小蜻蜓为什么是立在荷叶上，不是站在荷叶上？

师："立"和"站"有什么区别呢？提得好。

生 27：为什么大家都喜欢荷叶呢？

生 2：书里讲了哪些动物？

师：郑老师再补充一个问题，书里讲到的小动物，它们把荷叶当成了什么？还有谁有问题？

生 21：青蛙是怎么把荷叶当成了歌台？

师：郑老师把问题归纳一下，变成两个主要问题：第一个问题，课文中写了哪些小伙伴？它们分别把荷叶当成了什么？第二个问题，这些小伙伴是怎样说的？怎样做的呢？

师：然后再加两个同学提的问题：为什么小蜻蜓是立着，而不是站着？还有一个问题：为什么大家都喜欢荷叶呢？荷叶上的小水珠是怎样形成的呢？现在小朋友拿起笔，开始静静小声读书，划出描写四个小伙伴动作的词。

学生读书划词，然后小组合作学习，讨论老师归纳的问题。

师：小朋友们可以站起来讨论，每个小组还可以找个小主持人。

师：好，现在郑老师来当考官。谁来说说课文当中写了哪些小伙伴？

生 28：小水珠、小蜻蜓、小青蛙、小鱼儿。

师：小水珠把荷叶当成什么？

生：摇篮。

师：小蜻蜓把荷叶当成什么？

生：停机坪。

师：小青蛙？

生：歌台。

师：小鱼儿把荷叶当成什么？

生：凉伞。

师：很好，谁能把句子说完整？

生：小水珠把荷叶当成摇篮。小蜻蜓把荷叶当成停机坪。小鱼儿把荷叶当成凉伞。

师：很棒。我们来看看小伙伴们是怎么说的？（出示课件：小水珠说：荷叶是我的摇篮；小蜻蜓说：荷叶是我的停机坪；小青蛙说：荷叶是我的歌台；小鱼儿说：荷叶是我的凉伞。）

师：好，下面我们来看看他们在哪个位置呢？

（教师在黑板贴出一张荷叶图片，请四位同学分别将小水珠、小蜻蜓、小青蛙、小鱼儿的图片贴在荷叶的不同位置。）

师：小朋友看看他们贴的画，评价一下。

生2：他们贴得很好，但是那个……

师：嗯，哪个贴得不够好，你说一下？

生2：小鱼儿贴得不是很好。

师：哦，小鱼儿跑出来了，是不是？小鱼儿是把荷叶当成什么啦？

生齐：凉伞。

师：那应该贴在哪里？

生齐：荷叶下面。

师：所以应该贴在荷叶下面，是不是？贴在这里就乘不到凉了。还有哪个？

生3：蜻蜓应该停在那个小荷叶上面。

师：为什么呢？

生3：大的就像摇篮一样，而小的就像停机坪一样。

师：哦，大的就像摇篮一样，我们别打搅小水珠，别打搅它。还有，这个蜻蜓郑老师是直接挪过来的，你们觉得这个蜻蜓贴对了吗？谁有不同看法？

生28：贴反啦，应该那个脚在上面。

师：它的脚在下面。那你来贴一下。

学生上台贴画。

师：她贴得对吗？孩子们？

生齐：不对。

师：好，小朋友们看课本，课本上是怎么说的？小蜻蜓立在荷叶上。

生：小蜻蜓立在荷叶上，展开透明的翅膀。

师：那她这么贴，贴对了吗？

生2：应该立在荷叶上面。

师：应该立在上面，你来立。

生上台贴画。

师：你们注意到刚才有同学问："小蜻蜓为什么是立着而不是站着？"

生：她贴错了。

师：是不是这里啊？

生29：不是，应该脚在上面，应该倒过来。

师：应该倒过来，这样同意吗？

生29：同意。

师：这就是"立"，孩子们。"立"是站着的意思，但"立"还有不正常的站，比如说"鹤立鸡群"，"倒立"。明白了没有？好，郑老师给你们看看。还记得我们上次学过的《小池》吗？我们一起来读一遍。

生：小池。泉眼无声惜细流，树阴照水爱晴柔。小荷才露尖尖角，早有蜻蜓立上头。

师：看看蜻蜓的尾巴，是不是翘起来的？（课件展示图片）

生：是。

师：所以用词要准确，那位同学的问题解决了。好，小朋友看看自己划的动作的词，是不是跟郑老师划的一样。这是郑老师划的。如果你划的跟郑老师不一样呢，可以补上去，拿起笔。（课件展示动词）

学生划动词。

师：好了，看着这几个小伙伴和他们做的事，你们能不能复述一下课文啊？能吗？

生：小水珠说："荷叶是我的摇篮。小水珠躺在……"

师：小水珠怎么形成的？这是一个同学的问题。

生：是露珠凝成的。

生：是下雨的雨滴。

师：也可能是小青蛙跳到荷叶上，小脚丫上沾的水珠。

师：请用第一人称"我"来说话，现在小水珠变成"我"了。

生：我躺在荷叶上，眨着亮晶晶的眼睛。小蜻蜓说："荷叶是我的停机坪，我立在荷叶上，展开透明的翅膀。"

师：真棒。小青蛙说……

生：小青蛙说："荷叶是我的歌台，我蹲在荷叶上，呱呱地放声歌唱。"小鱼儿说："荷叶是我的凉伞，我在荷叶下笑嘻嘻地游来游去，捧起一朵朵很美很美的水花。"

师：好，小朋友们，我一起来表演一下。把头饰拿出来。

学生分别带上头饰。

师：好，我们先一起来表演一下，郑老师读到什么，哪一组就站起来。荷叶圆圆的，绿绿的，小水珠说……

生：荷叶是我的摇篮。

生：我躺在荷叶上，眨着亮晶晶的眼睛。

师：小蜻蜓说……

生：荷叶是我的停机坪。小蜻蜓立在荷叶上，展开透明的翅膀。

师：小青蛙说……

生：荷叶是我的歌台，小青蛙蹲在荷叶上，放声歌唱。

师：小鱼儿说……

生：荷叶是我的凉伞。小鱼儿在荷叶下笑嘻嘻的游来游去，捧起一朵朵很美很美的水花。

师：好，小朋友看，还有一些动物也来了，我们来看一下，还有哪些小动物来了呢？还有小朋友也来啦。小朋友会说什么呢？（课件展示图片）

生21：我带着荷叶帽真凉爽。

师：小蚂蚁也来了，小蚂蚁会说什么呢？

生30：荷叶是我的运动场。

师：嗯，我在运动场上？

生：跑步。

师：小鸟也来了，小鸟会说什么呢？

生30：荷叶是我的蹦蹦床。

师：我在蹦蹦床上干什么呀？我在蹦蹦床上开心地……

生：跳来跳去。

师：好的，小朋友们，加大难度了啊。看看这个，谁会看图说完整的句子？蘑菇是小白兔的什么？（课件展示图片）

生31：食物。

师：食物？对。可是它在这里啊，还可以有别的用法，它还可以当成什么？举手。（手指图片指引）

生32：篮子。

师：请你说完整。

师生32：蘑菇是小白兔的篮子。

师：小朋友看，里边还装着胡萝卜呢！谁来说说这个？

生33：荷叶是小蚂蚁的船。

师：这个是树叶，树叶是小蚂蚁的船。谁来说说这个，这个什么也没有，创造性说话。

生29：西瓜皮是小熊的帽子。

师：好棒。那这个呢？这个谁会说？

生 25：池塘是白鹅的家。

师：哦，池塘是白鹅的家，白鹅在这个池塘里干些什么呀？

生：游来游去。

师：白鹅在池塘里自由自在地游来游去。谁来说这幅画？

生 34：蜜蜂在荷花……

师：荷花是蜜蜂的什么？

生 34：游乐园。

师：那蜜蜂在荷花上干什么？

生：采蜜。

师：接下来我们画一画，写一写。还有哪些小动物还会对荷叶说什么？他们是怎么做的？

师：好啦，找几个小朋友分享一下。

生：小虾子说："荷叶哥哥，你是我的小伞，我在荷叶下躲避大雨。"荷叶说："那你躲好点儿，雨越下越大了。"小乌龟说："荷叶哥哥，你是我的滑滑梯，我哧溜一声滑进水里。"荷叶说："哈哈，那你就尽情地玩吧。"

师：好，掌声送给他。现在我们要表演一下课本里面的内容。请哪个小组来表演？

生：我们组！

师：快乐组。

师：其他人注意听。郑老师配上音乐。

师：早晨，池塘妈妈醒啦，太阳照在荷叶上，荷叶圆圆的，绿绿的。

生：我喜欢你荷叶哥哥，因为你是我的摇篮，我要躺在摇篮里看美丽的风景。

生：好啊，我们一起欣赏荷塘美丽的风景吧！有你陪伴真好。

生：我可以躺在你的怀里睡觉吗？

生：可以啊，我给你唱摇篮曲。

生：谢谢荷叶哥哥。

生：荷叶哥哥，我飞累了，我可以在你这儿休息一会儿吗？

生：可以啊，欢迎你的到来。我帮你擦擦汗吧。

生：谢谢你，你真是我的好朋友。

生：荷叶哥哥，你是我的歌台，我可以在歌台上放声歌唱吗？

生：太好了，太好了！我能让所有小动物来听你的歌声吗？

生：呱，呱，呱呱呱。

生：荷叶哥哥，你是我的凉伞。我在你的凉伞下游来游去，还可以听小蜻蜓优美的歌声。真开心！

生：你开心我也开心，我们一起为小青蛙喝彩吧。小青蛙唱得真好听。

生：我们一起来为小青蛙喝彩吧。

生：荷叶哥哥，你是我的舞台，我来给小青蛙伴舞吧。

生：荷叶哥哥，荷叶哥哥。小青蛙唱的歌太好听了，我把我采的蜜赏给她当礼物。

生：好啊，谢谢勤劳的小蜜蜂。

生：荷叶哥哥，我来给小青蛙伴唱吧。

生：荷叶哥哥，是你给我们带来了快乐，让我们一起唱一个送给哥哥吧。

生：没关系，我们都是好朋友，相亲相爱在一起。

生：相亲相爱在一起。

师：我们都是好朋友相亲相爱在一起。大家一起说。

生齐：我们都是好朋友，相亲相爱在一起。

师：小朋友们，郑老师有一个问题。刚才有同学问为什么大家都喜欢荷叶哥哥呢？老师来采访一下这些小动物。小青蛙，你为什么喜欢荷叶哥哥呢？

生：因为我想在荷叶上唱歌，荷叶哥哥答应了我，我就很高兴。

师：小蜻蜓，你为什么喜欢荷叶哥哥啊？

生：因为荷叶哥哥帮我们满足了很多愿望，然后他很讨人喜欢，所以我们自然就喜欢他。

师：小朋友，他们的回答你满意了吗？

生：满意。

师：好，这个问题解决了。谢谢大家(示意表演学生谢幕)。

生：谢谢大家。

师：小朋友们，我们刚才欣赏了很多都是荷叶，其实荷花也很美啊，来看看，这些词会念吗？（课件展示荷花图片与词语）

生齐：亭亭玉立，争奇斗艳，含苞欲放。

师：这首诗，也是写荷花的，我们一起来念一下。（课件出示《晓出净慈寺送林子方》）

生：《晓出净慈寺送林子方》【宋】杨万里。毕竟西湖六月中，风光不与四时同。接天莲叶无穷碧，映日荷花别样红。

师：看看这些荷花多漂亮啊！小朋友们，这时候啊，乐乐和他爸爸也在池塘边，他们在干什么呀？

生齐：钓鱼。

师：想一想，他们钓到了什么？

生3：钓到了美丽的风景。

师：哦，钓到了美丽的风景。有没有钓到鱼啊？

生35：没有。

师：为什么没有钓到鱼呀？

生35：因为他们在钓鱼，鱼看到了就跑了。

师：鱼看到了就跑了吗，这鱼可机灵了是不是。还有小朋友认为没有钓到鱼的举手。

生36：因为鱼很聪明。

生2：因为鱼在和荷叶玩耍，和它的好朋友玩耍，所以没有在吃鱼钩上的鱼饵。

师：它已经在跟它的好朋友玩耍了，没心情吃你的鱼饵。我们还钓到了美丽的心情，我们一起来写一下这个“美”字。

生齐：一笔点，二笔撇，三笔横，四笔横，五笔竖，六笔横，七笔横，八笔撇，九笔捺。

师：请一个小朋友上来写，请小朋友们拿出写字本，写一个“美”字。

生：请小朋友们拿出笔来写。

师：好，小朋友们看着她写一遍。

生37：一笔点，二笔撇，三笔横，四笔横，五笔竖，六笔横，七笔横，八笔撇，九笔捺。

师：好，要注意些什么？

生37：要注意最后一横要最长，第二横要最短。

师：好，谢谢你。其他小朋友开始写。记住，最后一笔横是最长的，第二笔横是最短的。

学生写字。（教师播放音乐）

师：写好的小朋友们可以一起来唱。

生唱：小雨落下滴滴答，风吹落叶，青蛙青蛙，你别叫，荷塘妈妈睡着了，荷塘妈妈睡着了，咕噜咕噜，荷塘妈妈睡着了。

师：好了，小朋友们，天色晚了，小伙伴们要回家了，荷塘妈妈要睡觉了。小朋友们回去看看美丽的荷塘夜景，回去预习十五课，叫什么来着？

生齐：《夏夜多美》！

师：好，下课。

《荷叶圆圆》课本剧（原创）

——快乐组

时间：早晨

地点：荷塘里

人物：荷叶　小水珠　小蜻蜓　小青蛙　小鱼儿等。

背景：早晨，荷塘妈妈醒了，太阳照在荷叶上，荷叶圆圆的，绿绿的，在晨风中摇曳着，真美！小水珠和小动物们都来找荷叶玩。荷塘热闹起来了。

第一幕

荷叶：（开心地）今天天气真好，太阳暖暖的把我照得绿绿的，亮亮的，你们看，我还特别圆呢，喜欢我吗？

小水珠：（调皮地跳得荷叶上眨着眼睛）我喜欢你，荷叶哥哥。你是我的摇篮，我要躺在摇篮里看风景，可以吗？

荷叶：好呀，我们一起欣赏荷塘美丽的景色吧，有你陪伴真好！

第二幕

【小蜻蜓在空中展开翅膀飞翔，就像一架小型的飞机。蜻蜓飞累了，它看到圆圆的、绿绿的荷叶，就把荷叶当成停机坪了。】

小蜻蜓：（喜出望外地）荷叶哥哥，我飞累了，你是我的停机坪，我能在你这歇歇脚吗？

荷叶：可以呀，欢迎你的到来，让我为你擦擦汗吧。

小蜻蜓：谢谢你，你真是我的好朋友。

第三幕

【小青蛙在池塘里捉害虫，它一蹦一跳地跳到荷叶上。】

荷叶：（竖起大拇指）小青蛙，你真棒，今天捉的害虫真多。

小青蛙：（高兴地）谢谢荷叶哥哥的夸奖，这是我应该做的。你是我的歌台，我想在歌台上放声歌唱。

荷叶：（拍掌）太好了，太好了。我叫所有的小伙伴都来听你嘹亮的歌声。

【小青蛙呱呱呱地唱得真欢呀，小鱼儿听到了青蛙的歌声，探出头来，在荷叶哥哥的身边笑嘻嘻地游来游去。】

第四幕

小鱼儿：（笑嘻嘻地游来游去）荷叶哥哥，你是我的凉伞，我在你的伞下欢快地游来游去，还可以欣赏小青蛙优美的歌声，真开心。

荷叶：你开心，我也开心呀。我们都来为小青蛙喝彩吧，它唱得真好。

小鱼儿：（双手捧出一朵朵美丽的水花）好！我们都来为小青蛙喝彩。

第五幕

【所有的小伙伴都来为小青蛙喝彩。】

小蝴蝶：（翩翩起舞）荷叶哥哥，你是我的舞台，我来给小青蛙伴舞吧。

小蜜蜂：（在荷花上采蜜）荷叶哥哥，我把采来的蜜奖励给小青蛙做礼物好吗？

荷叶：好的，谢谢勤劳的小蜜蜂。

小鸟：（飞到荷叶上）荷叶哥哥，我来给小青蛙伴唱吧。

荷叶和小动物们：（高兴地拍手）太好了，太好了。

小水珠：（眨着亮晶晶的眼睛）多美妙的合唱呀。

小蜻蜓：（展开透明的翅膀）我第一次听到这么好听的歌。

小鱼儿：（欣赏地）唱得多好呀！今天我们太高兴了。这一切都是荷叶哥哥带给我们的。我们一起来谢谢荷叶哥哥吧。

荷叶：我们都是好朋友，相亲相爱在一起。

小伙伴们：相亲相爱在一起。

二、1+ 3拓展阅读课型

“宽阅读”的 1 + 3 拓展阅读课，最重要的是整合，把与例文相关的经典诗歌、歌曲、视频和美文整合到一起，充分调动学生阅读的兴趣，让他们的所有感官和心脑都参与到阅读中来，全身心地去感悟和体验文本，享受不同形式和特色的文本，和声美韵，奇妙无比。

例如，上二年级《画风》，我把叶圣陶一首歌《风》、视频《风的呢喃》、诗歌《风的颜色》和美文《风的性格》整合到一起，让学生从语言文字和多元的音像、视频元素中去感受和体验风，让学生去聆听风优美的和声，感受风曼妙的舞姿，品味风鲜明的个性。让学生的视像、心像和文本的意像有机融合在一起，让学生用心眼去阅读、去发现，去探索，用灵魂去感悟，而不仅仅是用脑去积累、去记忆语言，用手去抄写，去复制文字，充分调动学生的所有感官参与学习，不但学习“风来了，风把……，风藏在……”这样的句式造句，还画风、听风、闻风、欣赏风的颜色和舞姿，感受风的味道和性格。学生用整个生命在感受“风”这个看不见也摸不着的事物，不仅发展了语言和思维能力，还提升了审美能力，落实了核心素养。只有用心灵去感悟出来的情理、哲思才可称之为智慧。正像教育家赞可夫所说：“教学法一旦触及学生的情绪和意志领域，触及学生的精神需求，这种教学法就能发挥高度有效的作用。”1 + 3 拓展阅读课型正是全方位触及学生的感官和情绪、意志等领域，激越学生的每一个细胞，激扬生命，充分满足学生的精神需求。

课例 1:

《画风》教学实录

执教：郑冬梅

郑：请同学们听一首诗，猜猜诗里写的是什么？

解落三秋叶，能开二月花。

过江千尺浪，入竹万竿斜。

生 1：写的是风。

郑：对了！看啊！这风能吹开二月花，它刮过江面的时候，能卷起千尺浪，它吹过竹林的时候呢，能把竹林吹斜了。好，今天我们上第十五课《画风》，请小朋友们一起读课题。

齐声：十五，画风。

郑：今天谁想当思考豆？想提什么问题呢？

郑：好，请小朋友们看着课本提。已经有小手举起来了，都想当思考豆。孙睿希小朋友。

生 1 问：请问宋涛、陈丹和赵小艺是怎么画风的？杨子来请答。

生答：宋涛在房子前面画了一根旗杆，旗子在空中飘着，陈丹在大树旁边画了几棵弯弯的小树，宋涛把画上的太阳擦去，画了几片乌云，又画了几条斜斜的雨丝，他们是这样画风的，你对我的回答满意吗？

生 2 问：注意不要把人物的名字说错了。

郑：好，廖嫦嫦可以补充。

生 1 答：赵小艺还画了个拿风车的小男孩，风车呼呼地转。你对我的回答满意吗？

生 2：不满意。

郑：还有人想补充吗？

生 3 答：赵小艺在房子前面画了一根旗杆，旗子在空中飘着；陈丹在大树旁边画了几棵弯弯的小树；宋涛把画上的太阳擦去，画了几片乌云，又画了几条斜斜的雨丝；赵小艺还画了个拿风车的小男孩，风车呼呼地转。你对我的回答满意吗？

郑：孙睿希小朋友要求我们回答问题要什么？

齐声：完整！

郑：还有谁要提问？请吴尚滢小朋友。

生4问：请问，还有谁有别的办法画风？请杨子来。

生5答：我的办法是这样的，我画小草被风给吹弯了，你对我的回答满意吗？

生4：表扬你，请坐！还有谁想说一说，王钇霏。

生6：我想画窗帘被吹起来了。你对我的回答满意吗？

生4：满意，你回答得很完整！

郑：好，最后一次机会，谁来提？廖嫦嫦。

生7问：请问你想怎样画风？孙睿希。

生8：我想这样子画风，风把我的连衣裙吹得飘起来了。你对我的回答满意吗？

生4：满意，表扬你！还有谁想说一说？叶子媛。

生9：我画风把小麦吹飘起来。你对我的回答满意吗？

生4：满意，表扬你。

生10：应该说，小麦被风吹弯了。

郑：对，小麦在稻田里被风吹弯了。小麦被辗出来以后麦壳被风吹得飘起来了。课文中主要写了哪三个人？

齐声：宋涛、陈丹、赵小艺。

郑：请打开书，拿起你的笔，把三个小朋友画风的句子画下来。画完的同学多读几遍，把它读顺。

郑：请小朋友看看黑板。我们现在来开火车比赛读好不好？看哪个组读得最好。

组一：她在房子前面……

组二：他把画上的太阳……

组三：她画了个拿风车的……

郑：好，郑老师想，这些句子中的“他”我不知道是谁？谁能够把这个“他”换成人名。

生 11：赵小艺在房子前面画了一根旗杆，旗子在空中飘；陈丹在大树旁边画了几棵弯弯的小树；宋涛把画上的太阳擦去，画了几片乌云，又画了几条斜斜的雨丝；赵小艺还画了个拿风车的小男孩，风车呼呼地转。

郑：谁把宋涛、陈丹、赵小艺的画在黑板上画一下？每个小组派一个代表。

（三个小朋友到黑板上画简笔画）其他小朋友把他们的对话找出来，用波浪线画出来。画好风就放声练读，看谁读得最好。

（小朋友们练读）

郑：我们在小组里分角色朗读一下，小朋友们可以站起来，练一练。

（小朋友在练读）

郑：好，现在哪个组上来展示一下，你们认真听，他们读的时候，语气怎么样，你们来评价一下。

组二：宋涛说："谁能画风？"陈丹说……

生 12：张智轩，你读得很好，但是在后面那一句"我还能画"读得不是很自信，我来试一试，"我还能画！"

生 13：谢谢！

生 14：何伊娜，我给你一个建议，你读"风看不见，摸不着，谁也画不出来"要大点声音，我来试一试，"风看不见，摸不着，谁也画不出来"。

郑：读书不仅要大声，刚才那一句"风看不见，摸不着，谁也画不出来"，要读出怎样的语气？孙睿希。

生 15：要读出"为难"的语气。

郑：你来试试。

生 15：（为难地）"风看不见，摸不着，谁也画不出来。"

郑：风来了，风藏在哪儿呢？

生 16：风来了，风把雨丝吹斜了，风藏在雨丝里。

生 17：风来了，风把小树吹弯了，风藏在小树里。

生 18：风来了，风把风车吹得转起来了，风藏在呼呼转动的风车里。

郑：好，小朋友都会作诗了啊。好，郑老师找了几张图片，看谁做的，用刚才的句式来说说？

生 19：风来了，风把蒲公英吹得飘起来了，风藏在随风飘扬的蒲公英里。

生 20：风来了，风把柳枝吹飘起来了，风藏在飘扬的柳枝里。

生 21：风来了，风把海浪吹起来了，风藏在翻起来的海浪里。

郑：她说风藏在翻起来的海浪里，可以的。这个“翻”字还可以换个什么字？

齐 21：卷。

郑：小朋友真会用词，还可以用“掀”。

这风啊，它在叶圣陶爷爷的眼里是怎样的呢？

我们来读一读，从叶圣陶爷爷的诗里，我们知道风在干什么了？

生 21：我们知道风在跳舞。

郑：风的舞姿多美啊！

生 22：我们知道风在散步。

郑：真好，风真悠闲。

生 23：我们知道风在荡秋千。

郑：风在荡秋千，风可真调皮。

生 24：我知道风在说悄悄话。

郑：风在跟树叶说悄悄话。小朋友的童心比叶圣陶老爷爷的童心要丰富得多了啊。其实风这个精灵啊，有时候它就像一个天使，它的舞姿可美啦。现在我们观看视频《风的舞姿》，看了以后你说说你有什么感受？

（小朋友们看视频）

郑：小朋友有什么感受呢？

生 25：柳树在随风飘扬的时候，我就感受到软绵绵的。

郑：我们能不能用叶圣陶爷爷的句式来说一说呢？

“谁也没有看见过风，不用说我和你了……”

生 26：谁也没有看见过风，不用说我和你了，但是有的时候，我们知道风在柳絮里。

生 27：我来补充，谁也没有看见过风，不用说我和你了，但是柳絮飘扬的时候我们知道风在飘扬的柳絮里。

郑：掌声送给她。

生 28：谁也没有看见过风，不用说我和你了，但是有时候我们知道风在舞蹈。

郑：风在哪里舞蹈？

生 28：风在小树旁边舞蹈。

生 29：谁也没有看见过风，不用说我和你了，但是蒲公英的种子飘扬的时候我们知道风在飘扬的蒲公英的种子里。

郑：好，刚才郑老师看见了波光粼粼，是风吹过了湖面，"谁也没有看见过风，不用说我和你了，但是当风吹过湖面的时候，我们知道风就在波光粼粼的湖面上散步。"

郑：风的舞姿很美，风还是个魔术师，它拿着画笔把世界画得五彩缤纷。你们看，风是有颜色的（播放视频《风的颜色》），让我们一起感受风的颜色之美。

生 30：我发现春天的风是绿色的。它把小草吹醒了。

生 31：我发现秋天的风是金色的，它把大地染成金灿灿的；我还发现冬天的风是白色的，它把屋顶染得白白的，乡村的所有地方都被染成了雪白雪白的；夏天的风是红色的，它把大地染成了红色。

郑：好，非常好，看来廖嫦嫦小朋友真的很认真听课啊。小朋友们，风不仅有颜色，它还有性格呢。它可是个淘气的风娃娃哦。请小朋友们打开我们的《祖国情》，看107 页，大家快速浏览，看看这篇课文主要讲的是什么？拿出笔来画一画。

（小朋友阅读《风的性格》）

生 32：文章讲了风的性格。春天的风是温柔的，夏天的风是淘气的，秋天的风是带着一种丰收喜悦的，冬天的风是凶猛的。

生 33：课文里面还讲风总是神神秘秘，行踪莫测。

郑：这神神秘秘，行踪莫测的风，我们怎么画它呢？郑老师让你们回家在公园里找风了，现在请小朋友们拿出你们的画来，一起在小组里分享。

（在小组内分享）

郑：这个组比较弱，我们请这个组的小朋友来展示一下。看看他们是怎么画风的。

生 34：我画风把树叶和纸给吹起来了。

生 35：我画的是雪花纷扬的情景，风把雪花吹得满天飞，有的吹到了树上，有的吹到了房子上，还有的落到了地上。风，真顽皮！

郑：写得真好啊！字也写得漂亮！

生36：风轻轻地托起蒲公英宝宝，宝宝们在蓝天中笑了；风轻轻地梳着柳树的秀发，柳树姑娘也笑了；风悄悄地来到湖面和湖水嬉戏，湖水笑了；风轻轻地来到我身边，我的连衣裙飘呀飘呀，我也笑了。

郑：我发现她是个小诗人，写得可好了！郑老师也写了一首诗，请我们班最会弹钢琴的简东媛小朋友来伴奏，我们一起来分享一下，分享是一种快乐。

郑：《四季风》春天的风，轻轻地拂，拂得柳枝弯弯腰，拂得花儿甜甜笑；夏天的风，习习地吹，吹得荷叶沙沙响，吹得风车呼呼转；秋天的风处处刮，刮得落叶纷纷舞，刮得大浪滚滚来；冬天的风呼呼吼，吼得雪花纷纷扬，吼得梅花朵朵绽。

作业：声音也是看不见摸不着的，香味也是看不见摸不着的。让我们开动脑筋想一想，该怎样画声音和香味？下节课我们一起分享。

郑：这节课我们就上到这里，下课！同学们再见！

生齐：老师再见！

课例2：

《生命生命》课堂实录

执教：郑冬梅

一、导入

1. 游戏导入（全体学生起立，伴着春天圆舞曲，自由做动作，模拟春回大地的景象，学生们举起双手，有的变成小树，有的变成小草，有的变成小花，在春风里尽情舞蹈。）

师：小草在风中摇啊摇，小花在风中笑啊笑，小树在风中摆啊摆，你感觉到了那是什么？

廖嫦嫦：那是生命在舞蹈。

师：你的想象力真丰富。

2. 揭题：《生命生命》

3. 读课题，从读题中去感悟生命的内涵。

二、初读课文

师：杏林子在这篇课文中思考这个问题：我常常想，生命是什么呢？让我们也带着这个问题，快速默读课文。

生：读（老师巡视）

师：好，读完的同学来试试，生命是什么？

杨雨萱：生命是那沉稳而有规律的跳动。

师：什么的跳动？

生：心脏。

师：你是用诗的语言来描述。

孙睿希：生命是一只飞蛾在困境中求生的欲望。

师：你不仅看到了现象还看到了本质。

师：你是从哪几个动词当中透视出飞蛾这种强烈的求生欲的呢？

孙睿希：挣扎。

师：还有什么？

张博文：鼓动。

师：还有吗？

杨杰生：跃动。

师：这三个词让我们感觉到了飞蛾在作者的手心里强烈的求生欲望。

师：生命是瓜苗……

何智诚：生命是瓜苗在墙缝中茁壮生长，不屈向上。

师：你看到了这个瓜苗在砖缝中茁壮生长，不屈向上，你感悟到了什么？

何伊娜：我感悟到了生命是很坚强的。

师：还有吗？

何智淳：我感悟到顽强的生命力。

师：生命还是？

杨瀚然：生命还是坚韧不拔的。

师：生命是心脏……

练宇航：生命是心脏沉稳而又规律的跳动。

师：你感受到了什么？

练宇航：我感受到了生命的坚韧，很有力量。

师：你感觉到这个生命是属于谁的？

生：是属于自己的。

师：所以我们要……

生：珍惜自己的生命，对自己的生命负责。

三、走进作者

师：（出示关于生命现象的图片）生命还是什么？

池恩妮：生命是小鸡破壳而出。

师：是小鸡破壳而出的那一种……

池恩妮：求生的欲望。

师：小鸡要出来……

池恩妮：他要出来绽放自己的生命。

师：多么有诗意啊！

师：你来谈。

蒋云帆：生命是沙漠中的仙人掌不断地生长，虽然阳光很大。

师：不仅阳光很大，而且……

生：缺水。

师：在这种恶劣的环境中，你看到了仙人掌怎样的生命力？

蒋云帆：顽强的生命力。

师：还有谁想说？

王钇霏：生命是被困在房屋下的人们，不向困难低头，不向生活认命。

师：还有谁想说？

廖嫦嫦：生命是翱翔在天空中的白鸽。

师：你感受到了什么？

廖嫦嫦：我感受到了它们很自由，没有人去惊扰它们。

师：嗯，生命的意义在于自由地飞翔！

师：孩子们，生命还是一个奇迹。对于杏林子来说：一只毛毛虫会蜕变成一只五彩斑斓的蝴蝶。杏林子十二岁的时候就患上了类风湿，整整十年，手不能抬，头不能转，保持同一种姿势，用这双畸形的手写下四十多本著作，还有张海迪、霍金、尼克尔，他们虽然身残但是志坚，他们勇于挑战困难和挫折，战胜自己的命运，让生命绽放出光彩。就如张海迪所说：（出示张海迪的名言警句），读一读，说说感受。

四、深入探究

1. 思考

师：于是，我们对生命有了思考，自由读最后一段，你有什么问题要提？

张博文：如何才能让生命不白白流失？

师：那就是怎样珍惜生命。

师：还有谁要提？

孙睿希：怎样才能让生命活得光彩有力？

师：这同样是怎样珍惜生命的问题。

师：还有吗？

许艺萱：怎样才能让有限的生命体现无限的价值？

师：这个段落就有回答，谁找到了？

林俊坤：一定要珍惜生命，不让生命白白流失。

师：对了，我们一定要珍惜生命，不让它白白流失，使自己活得更加光彩有力。孩子们，郑老师也提出了一个问题，生命的意义是什么呢？请你们带着这三个问题，第一个：怎样珍惜生命？第二个：怎样让有限的生命体现无限的价值？第三个：生命的意义到底是什么？孩子们，请看我们平时的生活场景，然后从平凡细微的生活场景中去探索生命的意义吧。（课件出示生活场景图）学生认真观看。

2. 小组讨论

师：生命的意义到底是什么？

生：小组讨论

师：孩子们，每个人对生命的意义都有不同的诠释，那么你认为生命的意义是什么呢？

袁世峰：生命的意义在于乐观。

师：好，乐观地对待生命，你是一个具有平和心态的孩子。

曾子欢：生命的意义在于付出，在于给予。

师：有一句话这么说：赠人……

生：赠人玫瑰，手有余香。

叶子媛：生命的意义在于分享自己的幸福。

师：分享是一种幸福，分享是一种快乐。

林翔：生命的意义在于友谊，没有友谊的人，永远不能见到最绚烂的彩虹。

师：友谊会使你更加开心，会使你的心胸更加开阔。

简东媛：生命的意义在于创新，在于感恩。

吴昕宜：生命的意义在于挑战。

师：说得好，挑战生活，克服生活中的一切困难，战胜困难，你才能成为生活的强者。

师：看来孩子们对生命的意义理解得很深。现在我们来看一下，名人对生命意义的看法。

师：齐读。（课件出示雷锋、巴金、爱因斯坦等人的名言）

生：齐读。

师：雷锋的生命意义用一个词说。

苑铂雨：服务。

师：对，为人民服务。

师：巴金认为，生命的意义在于……

蔡万熙：在于付出。

师：还在于……

陈思瀚：给予。

师：爱因斯坦认为生命的意义在于……

林洁：生命的意义在于设身处地为人着想。

师：还有一句。

李泓运：忧他人之忧，乐他人之乐。

师：你理解这句话的意思吗？

吴昕宜：担忧他人的痛苦，快乐别人的幸福。

师：你说得太有诗意了。

师：孩子们，每个人对生命的意义都有不同诠释，生命的基调有时高昂、铿锵、蓬勃。齐读课文最后一段。（课件出示课文最后一段）

生：齐读。

师：听到你们读到“光彩有力”时，我感受到了生命的力量，感受到了蓬勃生机，但是有一些生命它是微弱的，它是低缓的，但是它却有一股韧性，一股坚韧，现在我们不用嗓子去读，我们用心去读。

生：齐读。

师：有些生命透露着一种坚韧。例如一棵小草，一棵不起眼的小草，生命是多么坚韧而美好，现在我们来感受一下，你们听郑老师读时，想一想，感悟到了什么？（出示《感悟生命》的视频）

师：你看了，听了，有什么感想？

吕乐：我感悟到了生命是生机勃勃的。

王钇霏：没有什么比绿色更加美妙。

杨子来：我感觉到虽然不起眼的小草，却有顽强的生命力，它们让我震撼。

师：小草顽强的生命力让杨子来感到震撼。

叶桂雯：我感觉到生命是多么的美好。

师：正如你，也是多么的美好。

杨杰生：小草和绿色才是最美的风景。

师：他说得真好，如果这个城市满是钢筋泥土，少了绿树、小草，那将是怎样的一种感觉？

黄灏荣：生命是多姿多彩的。

师：生命是美好的，有的生命是伟大，有的生命是卑微，但是，他们都以自己独特的方式存在这个世界上，装点着这个世界。

张子涵：小草和绿树虽然没有那些花朵争奇斗艳的美丽颜色，但是他们却给人心旷神怡的感觉。

师：她是用心去感受生命。

黄嘉乐：绿色给人诗情画意。

王炜彬：生命的绿色是顽强的。

师：他不仅看到这些小草的绿色，还看到了生命的绿色。

师：生命的绿色让这个生命显得……

王炜彬：顽强。

师：顽强，显得……

叶子媛：生机勃勃。

师：孩子们，每当我们去感悟生命，我发现，不管是任何一个生命都会让我们思考，让我们赞叹，还让我们震惊。每一个生命不管是伟大还是卑微，它都是会绽放的，因此，我们要热爱生命。

五、拓展阅读

1. 学生独立阅读

师：阅读资料：《热爱生命》（邓仲祥）；《热爱生命》（汪国真）。分 A、B 组读文章，按要求答题。

师：读书的时候，手中拿笔，将感悟深的地方画下来。

2. 展示：说说你阅读文章之后的感悟，可以用"我不去……既然……就……"的句式来说，也可以不用。

孙睿希：我不去想我在人生中有多少困难

既然我选择了尝试

我就应该勇敢地去面对

叶子媛：我不去想生命之花是否绽放

既然受到大自然温和的滋润

就一定会留下芳香

师：其实，花儿绽放并不为他人，有没有人欣赏，它是为自己绽放，为这个世界绽放。

何伊娜：我不去想挑战是否成功

既然想去尝试

就不用在意胜利与失败

龚宇飞：生命都是有挫折的，因为失败是成功之母，花儿凋谢早晚会有盛开的一天，风雨过后一定是春天的光辉，苦中一定有甜，甜中一定有苦。

师：我们班会出现哲学家。

洪德程：我感悟最深的是生命中没有永远的快乐，也没有永远的痛苦。我感悟到的是人一路不能事事都顺利！我们就像逆流的行船，不能停下来，如果一停下来，我们就会倒退几千里，即使你的身体有残缺，但你的心并不会残缺，我们要抱着美好的心灵，走完人生的道路，即使未来的路是多么的困难，我们也会甜蜜地走向成功，世界上没有困难，最大的困难是看懂自己的心。

师：世界上没有困难，最大的困难是看懂自己的心，多么富有哲理的话。

张子涵：快乐时，我们要感谢生命；痛苦时，更要感谢生命。痛苦又何尝不是快乐的伙伴呢？快乐是生命的笑容，痛苦时也是生命的快乐，我们要感谢生命，感谢生命带给我们美好。

师：其实痛苦也是人生当中的一份财富，所以我们一定要勇于挑战困难。

吴尚滢：生命中有了困难，但我们不能因为困难而放弃生命，就像一棵小草在许多植物面前一点也不起眼，连花儿都嘲笑它，但它毫不畏惧，不放弃，在昏暗的角落茁壮生长，演奏着最美的生命之歌。

师：我喜欢你那生命之歌，其实每一个生命都要绽放自己。孩子们，我们来齐读汪峰的《怒放的生命》歌词。

生：齐读。

3. 创作

师：用自己喜欢的方式表达对生命的感悟，描绘自己生命独特的姿态。（可以写一段话，一首诗，也可以图文并茂。）

① 创作（指名两生上黑板写画）

② 展示：

张博文：要相信自己，勇敢自信，快乐，让生命绽放。

艾百川：一棵小草在无土的情况下，在风雨吹打的情况下，勇敢地绽放，只要坚强，最后定能长成一棵参天大树。

杨子来：生命的意义在于好好活着，做好自己，善待自己，善待他人。

何伊娜：张开眼睛，做好自己，闭上眼睛，感受生命的美好。

师：多么美好啊！

洪德程：生命就是鸟儿在云中飞翔，小鸡坚强地剥落蛋壳，生命就是雨后的彩虹，生命就是瓜苗在砖缝中不屈向上，茁壮成长。

龚宇飞：人的生命有时像旺盛的火，有时像一座大山，坚挺有力，人生如同一道风景，过了就过了，我时时想，人生的意义在于什么？在于付出、给予，而不是做伤天害理之事。

师：孩子们，老师今天被你们感动了。今天的作业是：回去读《假如给我三天光明》、《热爱生命》。

三、主题群文阅读课型

目前，群文阅读变成了一种热潮，八仙过海，各显特色，有些甚至把课文丢了，另搞一套，从网络或者各种书籍中选取同一专题的文章三篇到五篇不等，整合在一起让学生在一节课上进行阅读理解。而有些却将几篇文章做纯粹的技术处理，让学生用五六种符号画出不同描写方式的句子，让孩子们在一节课里，或行色匆匆，或题海茫茫，题量大，技术高，语言文字的感悟和体验缺失了，朗读少了，品赏少了，鉴赏和评价没了，很像大学里的汉语课。小学生转身一变全成大学生了。崔峦会长说："还是那句话，在守正的基础上出新。要把基础打牢，把语文的根留住。"语文的根就是读写，尤其是"读"。朱永新先生说："没有阅读就没有学生的精神成长。""宽语文"教育提倡的是"以读带写，以写促读，读写结合。"

"宽语文"阅读所设计的主题群文阅读课主要是突出特色读写的特点。我们把同一个主题但是写作手法不同的两篇到六篇文章，编排成一个单元，设计一到两个训练点，让学生在理解感悟文本的基础上，特别关注写作特色的不同，并抓住关键的句段进行比较，进而选择适合自己表达的方式即兴写作。在课时的安排上，是有弹性的，不要求一定要在一节课里完成二至六篇文章的学习，要看学情，可以是一到三课时不等。

例如教学《鸟的天堂》时，我把《鸟的天堂》、《火烧云》和《七月的天山》整合到一起，让学生自主阅读三篇文章，在了解文章大意的基础上，找出最感动的描写片段，细细品味，采取"视觉化"的阅读方式，透过抽象的语言文字，联想美丽的风景画面，充分感受大榕树的枝繁叶茂，生命力旺盛，还有火烧云色彩绚丽、变化万千的特点，受到审美教育，并让学生用自己的话去描述画面，提高口头表达能力。最后，在老师的引导下，小结体会写作特色的不同，《鸟的天堂》主要是采用动、静结合的方式，对景物精雕细刻的手法，把大榕树的翠绿茂盛，生机勃勃的特点描述得淋漓尽致。《火烧云》则是按照事物的变化，描述景物不同的形态美，把火烧云在不同时间里的变化刻画得精致美艳。《七月的天山》按照走入天山的顺序去描写天山的美丽景色。《鸟的天堂》在点上生花，《火烧云》在变化中游走，结彩。《七月的天山》则是移步异景、一步一景，一景一叹。学生在学习比较，吸纳内化之后，结合自己要写的景物，选择最合适的写作手法创作。

课例 1:

课外阅读单元指导课教学设计

执教：郑冬梅

一、教学内容

语文主题学习丛书二年级上册《书山有路》的第五单元“爱护大自然”，本单元有八篇文章，分别是：《我吃了太阳和月亮》、《钓春天》、《世界上最甜的话》、《环保拍手歌》、《动物的阴影》、《小草的启示》、《小溪的倾诉》、《空气的倾诉》。

二、学情分析

我们班的孩子从一年级就进行大量阅读，接受自读标注，独立提出问题，合作解决问题，以及小组创作等有效的阅读方法的指导和训练，因此，学生的独立阅读能力和思考能力正在迅速提高，在这样的背景下，在学生预习的基础上，两节课进行一个单元的阅读指导应该是可以完成任务的。

三、教学目标

1. 阅读《书山有路》第五单元的八篇文章，了解文章的主要内容，明白文章蕴含的道理，引导学生把书读薄，培养学生的理解能力和概括能力。

2. 标注并积累八篇文章里自己喜欢的词语和句子，并能用这些词语和句子复述文章的主要内容或表达读后的感受，养成不动笔墨不读书的良好阅读习惯，培养学生独立阅读的能力。

3. 每篇文章提出一个自己困惑而有思考价值的问题，培养学生的思考力。

4. 选择自己最喜欢的一篇文章，创造性地设计阅读卡，或者个性化地演绎读书的收获，巧用活用，把书读厚，培养学生的想象力和创造力。

四、教学重难点

1. 每篇文章中关键的词语和句子的了解与积累。
2. 提出自己的困惑和独到的见解。
3. 创意设计，用各种形式展示阅读的收获。

五、课前准备

1. 老师准备一袋橘子、多媒体课件。
2. 学生课前阅读八篇文章并选一篇创造性地设计阅读卡。

六、课时：两课时

七、教学过程

（一）导入新课：引用诗人韩愈的“书山有路勤为径，学海无涯苦作舟”导入新课的学习，出示《书山有路》。

（二）了解《书山有路》的目录和主要内容。《书山有路》一共有六个单元，分别是：“走进秋天”、“学会关爱”、“动听的故事”、“学会与同伴合作”、“爱护大自然”和“观察与发现”。

（三）了解第五单元“爱护大自然”的主要内容。本单元一共有八篇文章，分别是《我吃了太阳和月亮》、《钓春天》、《世界上最甜的话》、《环保拍手歌》、《动物的阴影》、《小草的启示》、《小溪的倾诉》、《空气的倾诉》。

（四）教给学生阅读方法：读一读、划一划、说一说、做一做、考一考。

1. 读一读：快速默读自己喜欢的那篇文章，了解文章的主要内容，想一想文章要告诉我们的道理。

2. 划一划：把自己喜欢的词语和句子用自己喜欢的符号划出来，多读几遍，了解这些词语和句子的意思。

3. 说一说：读了这篇文章你明白了什么道理？你想说什么？

4. 做一做：在小组内交流分享自己的阅读卡，说一说自己的设计内容和设计意图。不同文章的阅读卡得到交汇和碰撞，学生从同伴设计的阅读卡上学习到其他文章的主要内容，在阅读卡的内容和形式上互相对比，取长补短，相得益彰。还可以在小组内朗诵好词好句和表演课本剧等。

5. 考一考：指名8位学生，到讲台上分享八篇不同文章的阅读卡，并提出一个问题让全班同学回答。学生互问互答，彼此补充，老师即兴点拨，深入提升。

（五）学以致用，灵活创作

1. 你能把《我吃了太阳和月亮》编成一个故事吗？可以用橘子写一首诗吗？

让学生品赏橘子，感受橘子的形状、颜色和味道，然后模仿《我吃了太阳和月亮》编一首诗。

2. 你能续写《钓春天》吗？

老师先续写一句：喇叭花嘴馋了，张开圆圆的小嘴。接着让孩子们续编。

3.《世界上最甜的话》到底是一句什么话呢？你也试着给同学说一句最甜的话，你想说什么呢？

做游戏，开火车说最甜的悄悄话，让孩子们观察听着的表情。最后老师小结孩子们都说了哪些最甜的悄悄话，并总结最甜的话就是欣赏、赞美、表扬、祝福等甜美的话，即兴进行心理教育。

4. 你能用拍手歌的形式编一编班规吗?

学生和老师比赛编拍手歌。

校规拍手歌(师生合编)

你拍一,我拍一,按时到校不迟到。
你拍二,我拍二,校服整齐又干净。
你拍三,我拍三,轻声慢走不喧哗。
你拍四,我拍四,肃立升旗要敬礼。
你拍五,我拍五,坐姿端正认真听。
你拍六,我拍六,靠右慢行不追逐。
你拍七,我拍七,尊敬师长讲文明。
你拍八,我拍八,热爱劳动讲卫生。
你拍九,我拍九,爱护公物有爱心。
你拍十,我拍十,遵守校规好儿童。

5. 你能为动物、小草、小溪或空气设计一句警示语吗?

让学生争着选择自己喜欢的事物设计一句警示语,并即兴对学生进行良好习惯的养成教育。

老师和学生一起把文章《小草的启示》编成诗歌,感受小草顽强的生命力。

小草

小草柔弱又矮小
小草坚韧又顽强
炽热的太阳烤不死
彻骨的严寒冻不坏
春雨过后又昂头
你给大地带来生机
你给大地带来生命

你弱小但你坚强

你不怕困难

你不怕挫折

我要学你——小草

为世界献上一片绿意

（六）小结本单元的阅读

1. 老师与学生一起小结：阅读了本组文章,我们不仅知道要热爱大自然,爱护环境,保护地球,还知道文字也有色香味。阅读了《我吃了太阳和月亮》,我们知道文字是有味道的;阅读了《钓春天》,我们知道文字是有颜色的;阅读了《世界上最甜的话》,我们知道文字是有情感的;阅读了《环保拍手歌》,我们知道文字是有韵律的;读了《动物们的阴影》、《小草的启示》、《小溪的倾诉》、《空气的倾诉》,我们知道文字是有力量的。

2. 老师和学生一起编《文字歌》

文字歌

文字又甜又香，

文字是有味道的。

文字又红又艳，

文字是有颜色的。

文字又柔又暖，

文字是有情感的。

文字有血有肉，

文字是有生命的。

文字是首歌，

文字是有韵律的。

文字是警示，

文字是有力量的。

（七）阅读接力赛

1. 推荐另一本语文主题阅读读本《秋天的童话》。

2. 朱永新推荐的一、二年级必读书目的简单推介和分享。

①《蝴蝶·豌豆花》

②《稻草人》

③《没头脑和不高兴》

④《小猪唏里呼噜》

⑤《猜猜我有多爱你》

⑥《不一样的卡梅拉》(我想去看海)

⑦《第一次发现》(濒临危机的动物)

⑧《神奇校车》(在人体中游览)

⑨《千字文》《三字经》《弟子规》《中国神话故事》

(八) 总结：班级阅读温馨提示

我每天阅读一小时，阅读是最快乐的事情！阅读就像喝水一样重要！

彭丹听课感想：

11月12日上午第二节课，郑冬梅工作室的所有成员和新洲小学的语文老师们在二(5)班教室开展语文主题阅读研讨活动。郑冬梅老师在一节课里引导二年级的学生分享了主题语文丛书《书山有路》第五单元"爱护大自然"的8篇文章。课堂流程主要有阅读指导、学以致用和好书推荐。在课堂上，学生展示分享了丰富多彩而富有个性的阅读卡，还对8篇文章提出有思考价值的问题，更可贵的是即兴创编诗歌、班规拍手歌，续写，给动物、小草、小溪和空气设计警示语等，孩子们阅读鉴赏，积累运用，充分展示了自己的精彩。11月15日下午第一节，郑冬梅老师又在多媒体教室展示了一节即兴点将阅读指导课。上课伊始，让听课的老师在主题语文丛书《书山有路》里任意点三篇文章，让孩子现场阅读，展示真实的阅读和积累过程。孩子们阅读、标注、提问、解答、说感受，还现场制作阅读卡，充分展示了阅读的热情和能力。二年级的孩子们居然能在这么短的时间内学习分享三篇文章，还能图文并茂地设计阅读卡，实在让人赞叹！

四、全书阅读课型

一千个读者就有一千个哈姆雷特。《义务教育语文新课程标准》明确提出："阅读是学生个性化行为，不应以教师的分析来代替学生的阅读实践。"阅读必须尊重学生自己的阅读经验，引导学生采用自己喜欢的方式阅读，理解感悟，积淀启智，思辨创新，形成独到的见解和审美，发展语言和核心素养。例如，在阅读曹文轩教授的《青铜葵花》时，我们让学生自主阅读之后，独立提出问题，在阅读中探究问题和解决问题，还根据自己的喜欢，采用写读后感、续写，做阅读卡、手抄报，画情境图、思维导图、插图，朗诵、辩论、讲故事，话剧、情景剧、歌舞剧等方式个性演绎《青铜葵花》。我们还让孩子们和家长倾心参与活动，在活动中体验和感受文本的真意、苦难的内涵以及人生的价值和成长的意义。工作室每个班级根据《青铜葵花》编排一个节目，汇编成一台精彩纷呈的《青铜葵花》个性化解读展示活动，把《青铜葵花》生动形象地搬上了舞台，受到家长们和孩子们的喜爱和称赞。

课例 1：

《青铜葵花》阅读指导

执教：郑冬梅

（一）创设情境，激发阅读兴趣

采用一幅高清巨幅葵花园的图画展示故事的场景，再用语言渲染情境，将青铜和葵花拉入场景，设计悬念，激发学生的阅读兴趣。

(二) 观察封面和封底图面,质疑猜测

引导学生观察封面和封底的图面,根据自己的困惑和想了解的内容,提出问题,猜测书中的人物特征、主要内容、情节或结局。让学生带着问题,带着好奇,探究地去阅读,了解书的内容和主要人物。

(三) 走进作者

曹文轩,1954 年 1 月生于江苏盐城。国际安徒生大奖获得者、北京大学教授、博士生导师、中国作家协会全国委员会委员。长篇小说有《草房子》、《红瓦》、《火印》、《根鸟》、《山羊不吃天堂草》、《丁丁当当》等。其中《草房子》等作品被译成英、法、日、韩等文字。

(四) 了解书的概况和主要内容

1. 阅读前言、序言、内容提要、浏览目录。从目录中了解本书的基本内容和概况。看了目录你有什么想说的?还有什么想问的?《青铜葵花》的每一个章节都是一个小故事,既有联系,又相对独立,阅读起来很方便,可以依次阅读,也可以有选择性地阅读。

2.《青铜葵花》是儿童文学作家曹文轩的力作,主要讲了青铜和葵花两个小孩子的故事。女孩葵花是从城里随爸爸到大麦地来生活的,在孤单寂寞中,她认识了不会说话的乡村男孩青铜。葵花爸爸的意外死亡使她成为一个无依无靠的孤儿,贫穷善良的青铜家收养了她。从此,青铜和葵花就成了兄妹相称的好朋友。他们一起过着粗茶淡饭的生活,青铜总是默默无微不至地呵护着葵花。在充满了天灾人祸的岁月里,青铜一家老小相亲相爱、同心协力,面对苦难从容、淡定、优雅。

(五) 走进文本,品读鉴赏

让学生独立快速浏览整本书一遍,了解故事的大概内容,知道故事的主人公是青铜和葵花,还知道故事发生的原因、经过和结果。让学生对整本书有一个整体的印象,并找出书中自己印象最深刻、最感动的部分,再走入相应的文本细细品读。

1. 走近大麦地,感受大麦地的美。轻声阅读,一边读,一边想象:“大河,一条不见头尾的大河……大麦地像一艘巨大的船,停泊在对岸的芦苇丛里。”感受大麦地的美,并把自己独特的感受和体验跟身边的同学分享。

2. 走近第五章“金茅草”,用精读的方法,体会作者是怎样把苦难写到深刻之处,将美写到极致,将爱写到淋漓尽致的。画出相关的句子,细细地品味,可以在小组内分享自己的感受,最后选一个组展示。

3. 自由选择自己喜欢的章节阅读,说说自己读后的感受,与小组内的同学分享,最后在全班交流展示。说说大麦地遭到了哪些苦难,在苦难折磨的面前青铜一家是怎么做的?你感受到了什么?(关爱、善良、坚韧)

(六) 走近人物,感受品格,体悟人生哲理

1. 走近青铜

青铜一家生活在大麦地村。在青铜五岁那年的一个夜晚,一场大火把整个芦苇荡烧了,大麦地变成了一片凄惨的黑色。青铜也就是在那个夜晚变成了只能听别人说话,却再也说不出话来的哑巴。苦难早早地就降临在这个五岁的孩子身上,从此,他失去了语言,失去了朋友,也失去了快乐……

师:面对苦难,青铜的态度是怎样的?为了葵花妹妹,青铜做了哪些事,你觉得青铜是个怎样的孩子?(青铜对葵花精心呵护,他放弃了自己上学的梦想,让葵花上学;他在寒冷的冬天里卖掉了自己脚上的芦花鞋,让葵花照一张相;他捉来萤火虫做了十盏南瓜花灯,让葵花晚上写作业;他顶着葵花默默地站立了一个晚上,让葵花看马戏;他做了一串闪亮的冰项链,让葵花报幕时更加美丽;他还经常勇敢地替葵花受过……)

2. 走近葵花

葵花也是个可怜的孩子，她三岁那年，妈妈就离开了人世，她只跟爸爸相依为命。可是，身为雕塑家的爸爸在一次写生中，为了从河里捞起一张画，落水淹死了。苦难降临在葵花头上，她从此失去了唯一的依靠。后来，葵花被青铜家领养，成了青铜的妹妹。

师：你对葵花有什么印象，她是一个怎么样的孩子？（她是一个善良、有爱心、乖巧而无助的孩子，但她是幸运的，因为她有青铜一家对她的关爱和呵护。她与哥哥青铜相亲相爱，与青铜一家坦然地面对一次又一次的苦难，相依为命，快乐地生活着。）

3. 透过人物，体悟哲理

出示幻灯：曹文轩说："每一个时代的人，都有每一个时代的人的痛苦，痛苦绝不是今天的少年才有的。少年时，就有一种对痛苦的风度，长大时才可能是一个强者。"

师：你是怎样理解这句话的，结合青铜和葵花，以及你自己的生活实践谈谈。（苦难是永恒的，我们不必大惊小怪，不必惊慌失措，更不必消极沉沦，而要以积极的人生态度，处变不惊，优雅淡定地面对。正像作者在后记里写的罗曼·罗兰的一段话："我们应当敢于正视痛苦，尊敬痛苦！欢乐固然值得赞颂，痛苦又何尝不值得赞颂！这两位是姐妹，而且都是圣者。她们锻炼人类开展伟大的心魄。她们是力，是生，是神。凡是不能兼爱欢乐与痛苦的人，便是既不爱欢乐，亦不爱痛苦。凡能体味她们的，方懂得人生的价值和离开人生时的甜蜜。"人生的道路不是平坦的，不是一帆风顺的，请大家记住这段话，勇敢地面对人生路上的每一次苦难。）

（七）个性解读，分享作品

让孩子们细细品悟自己喜欢的人物或者情节，用手抄报、情境图、读后感、朗诵、歌舞、编演剧本等形式个性化地展示出来，与同学、老师和家长分享。以下是孩子们对人物和情节的感悟。

《青铜葵花》的人物点评

人们总想着快乐，但却忘了正视痛苦。痛苦和快乐都是天使，都应该被正视。只要你正视并尊重它们，并去"品尝"它们，你便能懂得人生的价值和幸福。《青铜葵花》

就暗示着，隐藏着这个道理。

葵花，一个惹人怜爱懂事乖巧的小女孩。七岁便失去父亲；而她的妈妈，早在她三岁时就已病逝。这样一个瘦瘦弱弱的孤儿，面临着生活的考验。但在无尽的黑暗中，总会有一束光芒，这光芒就是大麦地的全部村民向她伸出的援助之手，青铜一家也在其中。葵花握住了青铜一家的手，做了青铜的妹妹，走出了黑暗。

青铜，一个单纯天真的哑巴男孩，他心地善良，十分疼爱她的妹妹葵花，宁愿自己受苦受累，也不愿她受到一点点伤。在看似无意之中，在天地的安排之下，碰撞出了不一样的火花。

在这火花之中，时不时地伴随着痛苦。虽然是痛苦，但在青铜葵花的眼中，也是美丽的。遮不住一个人心灵的善良和对美好未来的憧憬。我觉得，没有痛苦的人生算不上真正的人生。与其花时间在叹息痛苦上，不如花时间去品味痛苦。该来的终究会来，该去的也终究会去。我要做的，只不过是勇敢面对罢了。

人生终究会有不同层次的苦和难伴随着成长。俗话说："风雨过后才会有彩虹。"风雨就是苦和难，彩虹就是我们多彩的人生啊！

——张子涵

《青铜葵花》人物形象感悟

青铜和葵花，两个善良、懂事的孩子，小小年纪却受尽了苦。

青铜，五岁时因遇上了一场大火，受到了惊吓，高烧五天，好了以后，却不再说话，成了个哑巴。青铜性子十分倔强，生了气就一人躲在高高的草垛上，谁也叫不下来。他对葵花却很好。到了上学的年纪，青铜的家境只能让一个孩子读书。青铜和葵花两人互相谦让。青铜却狠下了心，一定要让葵花上学。看马戏团的时候，青铜为了让葵花看得到，让葵花坐在他的肩上，一直到戏结束，自己却一点也没看到。他还为了让葵花能在夜里写字，到河边捉萤火虫，做出了一盏盏的萤火灯，照亮了葵花作业本上的每一个字。青铜虽然不说话，他却会用行动来证明对妹妹的爱。

葵花，一个天真烂漫的女孩，父亲去世之后，被青铜家领养，青铜一家人对她很好。她也回报了他们，帮青铜一家做了许多事，还教青铜认字。葵花的成绩很好，每次都第一名，作业每次都工工整整。她每天都跟在青铜后面，也不说什么话，就安安静静地跟在后面。最后，葵花不想回到城市，就和青铜躲了起来。让我感动的还有一个情节，就是葵花走后，青铜就一直坐在草垛上，不吃不喝，等待葵花回来，一直到晕倒，又醒来，他出现了幻觉，他仿佛看见葵花回来了，仿佛看见葵花向他招手，他用尽平生力气，大声喊了——葵花。青铜对妹妹葵花的感情有多深，才能让好多年不说话的青铜喊出妹妹的名字来啊？葵花一定会回到大麦地的，她一定会更优秀，更努力。青铜也会说话了，他们俩见面时，青铜一定会铿锵有力地叫出葵花的名字。

——曾子欢

《青铜葵花》的人物赏析

《青铜葵花》是曹文轩的代表作之一。这本书不仅内容丰富生动，还为我们塑造了一个个鲜活的人物形象。青铜和葵花就是这本书的主人公，他们之间所发生过的事，像是一个个音符，编织成一首乐曲。每一个章节都展现了青铜和葵花的鲜明个性，给我们留下了深刻的印象。

先是青铜，开头讲述了他去放牛的情景，可以看出他的家境不好，没法上学，也为之后照顾妹妹做好铺垫。在青铜与妹妹葵花抽银杏决定上学的片段，青铜对妹妹的呵护，为她着想的哥哥形象跃然纸上。他总是让着妹妹，处处为妹妹着想，从不计较，是一位非常称职的哥哥。在妹妹遇难时，青铜总会第一个站出来，勇敢地保护妹妹。这就是青铜，一个坚强，而有韧性的小男子汉。

接着，就是葵花。她心地善良，待人真诚。她的一抿一笑，都令人"心疼"。知道哥哥不会写字，便一笔一画地去教他，从不会因为他是哑巴而嫌弃他。打她入这个家的第一天起，葵花就把这里的人当成亲人一样。她为了让家人不再受苦受累，自己出远门赚钱，别人在享受快乐的时候自己只能忍气吞声。这样善良、乖巧的女孩会有谁会不喜欢她呢？

曹文轩老师所塑造的这两个人物，深受读者的喜爱。

——吴尚滢

《青铜葵花》第一章感受

一位默默无闻的哑巴男孩——青铜；一位羞涩腼腆的女孩——葵花。一次特别的机缘，青铜与葵花成了不离不弃的好兄妹。

第一章，是我印象最深刻的章节。葵花漫步在雨季结束的日子里，刺眼的阳光照耀着葵花在烂泥里留下的脚印。虽然雨季已经结束了，但潮湿还不愿离开温暖的大麦地，使得世界万物都是湿漉漉的。葵花没事就喜欢到处走走，就像一只孤零零的幼鹰在一望无际的天空中颤颤巍巍地徘徊，就像一支娇嫩的花骨朵儿独自在花园中直立着，周围都是带刺的绿叶。尽管天气很温暖，但也无法滋润葵花的孤独。

正当大家都沐浴着阳光，享受着其乐融融的生活时，一件不幸的事情发生了，葵花的父亲溺水身亡了，连尸体也没留下，只留下葵花那咸咸的几道泪痕。也许，泪珠中还夹着对爸爸的不舍和对上天的不满，就这样，葵花的爸爸葬身在带着葵花芳香的葵花田里，永远地沉睡在他生前最喜爱的“葵花海”里。这可能是上天给他最后的恩赐。

依赖是你生命中的一道暗影，当你学会放手，潜入海底，无尽沉默于海中，会发现你自己还能坚持。

——杨子来

《青铜葵花》第二章节感受

这本书是曹文轩老师的长篇小说。一个关于男孩青铜，女孩葵花的故事……

在《青铜葵花》这本书所有的章节里面，我记忆最深刻的就是第二章节“葵花田”，葵花出现的部分。曹文轩先以环境描写开头，“天空是红色的，像布满霞光”用比喻和拟人的手法突显出大火的来势汹汹；再接着用对比手法衬托出青铜一家的不慌不忙，到后面又说明青铜成为了一个哑巴。在这之后，奶奶与牛便支持着青铜的世界，一直给予他信心和力量。

就在这时候，一个女孩出现了，她就是葵花。她和青铜成为了兄妹。可是，因葵花的父亲过于“迷恋”葵花，而引起意外，就这样致使葵花成了青铜的妹妹。曹文轩老师用细节描写与环境描写细致地刻画出父亲对葵花浓浓的爱。到父亲去世之前，又采用倒叙的方式把自己对葵花的爱表达出来。到了最后再次用拟人与比喻的手法结尾，一大股旋风来袭，使他措手不及，就这样它带走父亲，也同时改变了葵花的命运……

青铜和葵花之间情谊真挚深沉，而种种苦难、美好、大爱和咏叹，宛如一股温暖清澈的春水，牵引着人们完成生活中对真、善、美的永恒追寻。

——陈楠

第五章　课堂，童心的居所

课堂不是工厂，而是师生生命共生共长的原野，是童心飞扬的温馨居所。心灵的约束和桎梏会使儿童窒息，心灵不能呼吸，生命就无法舒展，培育出来的就只能是没有生命的产品。儿童教育就要呵护童心，激发童趣，保卫童真，培植童趣，宽容童言。因此，我们主张解放儿童，破解童心密码，激扬童心，让童心在课堂里自由放飞。

一、童心就是真心

童心是什么？童心在《现代汉语词典》里的解释就是：孩童般纯真之心。宋代诗人陆游的《园中作》中写到："花前自笑童心在，更伴群儿竹马嬉。"这里的"童心"指"孩子气"，"儿童般的心情"。明代李贽的《童心说》："夫童心者，绝假纯真，最初一念之本心也。"李贽认为，童心实质上就是真心。儿童是人生的开始。童心是心灵的本源。童心是人在最初不受任何外界的干扰，毫无造作和装饰，绝对真诚而纯朴的本心。人如果失去了童心，就失去了真心；失去真心，也就失去了做真人的资格。人不能以"真诚"为本，就丧失了完整的人格。因此，童心其实就是"真、善、美"之心。这就是李贽的美学思想，他主张自然为美，自然的东西就是"真善美"的合一。陶行知先生强调："千教万教教人求真，千学万学学做真人。"他告诉我们"真"比一切都重要。儿童教育就要呵护童心，激发童趣，保卫童真，培植童趣，宽容童言。因此，我们主张解放儿童，破解童心密码，激扬童心，让童心在宽语文课堂里自由放飞。

二、课堂是童心的居所

印度哲学家克里希那穆提认为，教育就是解放心灵。《荀子》说："心者，形之君也，而神明之主也。"孟子说："君子所性，仁义礼智根于心"。"心"是人的精神、意识、思维的主宰。教育就是解放孩子的心灵，放飞孩子的童心。韩愈说："欲修其身者，先正其心"。苏霍姆林斯基说："育人先育心，在由人的精神财富外化而来的和谐的交响乐曲中，最微妙、最温柔的旋律当属于人的心灵。""要像对待荷叶上的露珠一样小心翼翼地保护学生幼小的心灵，晶莹透亮的露珠是美丽可爱的，但却十分脆弱，一不小心，就会滚落破碎，不复存在，学生的心灵，如同脆弱的露珠，需要老师的倍加呵护。"教育就是要育心，要培育童心，首先要尊重童心，呵护童心，让童心自由放飞。心灵的约束和桎梏会使儿童窒息，心灵不能呼吸，生命就无法舒展，培育出来的就只能是没有生命的产品。陶行知先生提出儿童的"六大解放"：解放儿童的头脑，使之能思；解放儿童的双手，使之能干；解放儿童的眼睛，使之能看；解放儿童的嘴，使之能说；解放儿童的空间，使之能接触大自然和社会；解放儿童的时间，使之能学习自己喜欢的东西。教育就要给儿童充分的自由，尤其是心灵和头脑的自由解放，任儿童放飞想象，大胆创造。

课堂不是工厂，而是师生生命共生共长的和谐原野，是童心飞扬的温馨居所。正如罗杰斯所说："课堂是生命相遇，心灵相约的城域。"我们的孩子为什么缺少灵性？越大就越没有自然之气，没有孩子的天性？写出来的文章没有童真和童趣？说到底，就是我们的家庭和学校教育出了问题，家庭和学校过于关注孩子的分数，尤其是家长们，总是唯恐自己的孩子输在起跑线上，因此给孩子不断加压，补课、做教辅资料等，孩子玩的时间、亲近大自然的时间、运动的时间都被作业、考试、补课给挤占了，孩子们睡眠少，大脑负担重，心灵没有得到舒展和延伸，近视率，肥胖率都在提高，身心健康令人担忧。孩子们的心灵没有轻轻一跃的飞扬，被作业、考试和补课绑架的心灵没有办法生发更多的创新和创意，被习题奴役的灵魂只能负载着沉重的枷锁，戴着枷锁跳舞的灵魂，可能灵韵和飘逸吗？蔡元培在《中国人的修养》一书中说："决定孩子一生的不是学习成绩，而是健全的人格修养。"百家讲坛的知名讲师易中天对基础教育的主张是："健康、快乐、真实、善良、再加一技之长。"宽语文教育就是要关爱和呵护每一颗心灵，滋养和润泽每一颗心灵，让每一个孩子都收获一颗自由、尊严、真诚、宽容的心。

三、童心是师爱之源

童心是师爱之源。李镇西认为，老师要永远拥有一颗童心，一颗正直、真诚、善良、美好的童心。孩子的心灵就像珍贵的艺术品，纯洁而美好。老师在教育教学过程中要用心灵去呼应心灵，用灵魂去唤醒灵魂。正如雅斯贝尔斯所说："教育的本质是心灵的教育，是一棵树摇动一棵树，一朵云推动一朵云，一个灵魂唤醒一个灵魂。教育之美在于培养人的美好灵魂。老师种植和滋养美好灵魂的力量，源于老师的童心、爱、倾听、欣赏和智慧，是老师身上所散发出来的充满爱和智慧的人性光辉。"教师要把自己当成儿童，就像陶行知先生说的："忘了你们的年纪，变成十足的小孩子，加入小孩子的队伍里去吧！您若变成小孩子，便有惊人的奇迹出现：师生立刻成为朋友，学校立刻成为乐园；您立刻觉得是和小孩子一般儿大，一块儿玩，一处儿做工，谁也不觉得您是先生，您便成了真正的先生。"

四、让童心在情境中绽放

童心犹如优美动听的天籁之音，童心犹如美丽芬芳的鲜花，童心犹如翠绿欲滴的青草。童心是"真善美"的本心。刘勰的《文心雕龙》的"情景说"中阐明"情以物迁，辞以情发"。说明人的情感是随着客观事物的变化而变化的，而情感会触动语辞的萌发。他阐述了"物"、"情"、"辞"三者的关系。刘勰还在《文心雕龙》的"物色篇"中指出"物色之动，心亦摇焉"，"一叶且或迎意，虫声有足引心"阐明了人的情感受客观外物，受情境的影响之深。王国维明确指出："境非独谓景物也，喜怒哀乐亦人心中之境界"，"一切景物皆情语"。心随物动，心动情生，情生辞发。"情者文之经"、"情动而辞发"、"为情造文"等说法都表明了"情"是"文"的命脉和灵魂。

宽语文强调创设各种情境，让童心在情境中绽放。我们开发的童心作文就是在尊重孩子的天性和本心的基础上，创设各种情境，例如用生活再现情境，用实物演示情境，用音乐渲染情境，用图画描绘情境，用语言描述情境，用表演体验情境，用问题设计情境等，让学生进入情境，如临其境、如闻其声、如见其人，入境始于亲，童心萌动，真情实感油然而生，并溢于言表，即兴表达，下笔成文。

童心作文就是建立在"自由、本真、至善、纯美"的基础上，富有生气、灵气，童真、童趣，富有个性和创意，充满智慧和好奇心，体现"真、善、美"的人性，天真无邪的童性，自由开放的心性，不拘一格的灵性，表达作者真情实感的作文。童心作文从儿童的本心出发，用儿童纯净的视角去观察和感受本真的世界，体验多元的生活，激发大胆而离奇的想象，无拘无束，自由创意地表达真性情，抒发真感情，找回儿童习作的本色。

童心作文坚持“以人为本、人文共进”的理念，顺应儿童的天性，尊重儿童的年龄特点和心理特征，通过构建“一中心，两支柱，三联系”的习作教学理论体系，“一中心”就是以“学生主动、健康、和谐发展”为中心。“两大支柱”即在广阔的阅读和生活中感悟语言、积累语言、运用语言、发展语言；在自由开放的时空里和多元多样的语文实践中发展思维，形成表达。“三大联系”，就是加强习作教学与自然、社会、各学科的广泛联系，使习作生活化、随机化、个性化、生命化，突出习作教学“真、新、活、实”的特点，有效提高学生的习作兴趣、习作能力和语文素养。

童心作文的形式丰富多彩，童心童绘、童谣童诗、童漫童话等都是童心作文的经典，还有童心记叙文、童心写景作文、童心状物文、童心想象作文、童心抒情文、童心说明文、童心议论文、童心应用文等。其中，在童心记叙文的训练中，我们更强调童心主题体验式作文，有关于生存与规划、爱与感恩、学习与生活、家务与劳动、沟通与合作、阅读与观察、运动与旅行、影视与歌曲、心理与审美、游戏与活动、言行与教养等童心主题体验式作文。

课例 1：

《童心童绘》作文教学实录及点评

——童心听音乐想象作文

执教：郑冬梅

一、听音乐想象

师：刚才赵校长对我的期望很高，所以郑老师心里有一点忐忑不安，挺紧张的，同学们，你们紧张不紧张？

生：不紧张。

师：好，小朋友们比老师自信！你们陪老师来放松一下好吗？我们先来放松头，再放松双肩，最后放松脚，以最舒服的姿势坐好。大家感觉舒服吗？我们就是要舒舒服服地享受课堂。孩子们，世界上最美妙的语言就是音乐。聆听音乐可以让人身心愉悦，可以让人浮想联翩。请小朋友们轻轻地闭上双眼，静静地聆听音乐展开你的想象，你仿佛看到了什么？听到了什么？想到了什么？（音乐响起，学生静听。）【让学生轻轻地闭上双眼，静静地聆听音乐，放飞心灵，尽情想象，充分感受音乐的美。让生命完全沉浸在乐曲中，慢慢地熏陶、润泽、丰盈。】

二、想象绘画

师：请小朋友们轻轻地睁开眼睛，把你刚才在头脑里想象的画面，画成一幅脑图刻在心里，然后，再把心里的那幅脑图画在白纸上。请孩子们伴随着音乐作画。（音乐再次响起，学生安静作画）。【让学生先画脑图，在脑中放一遍电影，然后手绘心图，随心所欲，无拘无束，童心自由飞扬。学生想怎么画就怎么画，想画什么就画什么。有了自由的心灵，才有离奇的想象。49 颗心就有 49 幅画，无一雷同。】

三、心灵对话

师：请已经画完的孩子，看着你的画，跟心里的另一个自己轻轻地、慢慢地说一遍。【让学生把自己想象的画面说给内心的另一个“我”听，忠实于自我内心的真情实感，也是训练口头语言表达，梳理写作思路，为下笔成文做准备。】

四、我手写我心

师：请说完的小朋友把你说的内容写在纸上。注意画面的布局，设计要美观，书写要通顺、工整。（音乐又一次响起，小朋友们伴着音乐写作。）【语文课程标准指出，要为学生自主习作提供有利条件和广阔空间，减少对学生写作的束缚，鼓励学生自由表达和有创意的表达。因此，老师在写作前少指导，或者不指导就能更好地呵护童心，保全童真的表达。】

五、自评互评

师：请写完的小朋友轻轻地读一读自己的文章，自己修改一下，看看有没有错别字和用错的标点，还要看看句子是否通顺。（学生自读自改）【三分文章七分读，好文章不是写出来的，而是改出来的。修改习作，其实就是整理思维，修正思想，也是一种自我情感的反馈，内心的思省。】

师：自己改完的小朋友还可以跟同桌交换看一看，让你的同桌也轻轻地读你的文章，给你评价，给你一些好的建议。记得，还是要轻轻地说，小声交流，不要影响写作的同学。（学生互读互改）【写作的目的就是表达自己的思想感情，与人沟通交流，以文会友，让学生互评互改，学会欣赏别人的文章，并真诚地提出建议，不仅提高了语言表达能力，文章的点评鉴赏力，也增进了友谊，一举多得。】

六、展示评改

师：孩子们，我们现在已经用了 25 分钟，都写完了吗？写完的举手。（同学们全都举手了），剩下 15 分钟，咱们一起来展示交流，分享点评我们的文章。哪位同学愿意把自己的画和文章投影出来，与大家一起分享？（同学们纷纷举手）【文章不怕百回改。鲁迅一篇文章改 30 多遍，学生成文之后，在征得孩子同意的基础上全班展示评改、加工、完善。语文课程标准指出，要指导学生在写作实践中学会写作，重视引导学生在自我修改和互相修改的过程中提高写作能力。】

师：张子涵，你来试一试。郑老师来做你的助手。

生：（走到讲台前，投影出自己的文章《芭蕾舞者》）我写的文章是《芭蕾舞者》。"随着音乐的流淌，我仿佛来到了玩具的世界。一位芭蕾舞者穿着洁白的纱裙，在舞台中央伴着优美的音乐舞蹈。她一只脚尖踮地，另一只脚自然伸展，双手展开，转啊，转啊，她转得那么快，像龙卷风一样。她跳得那么轻盈，像一只在蓝天中飞翔的鸟儿。她的微笑如此的美丽，比盛开的花朵还美。洋娃娃和其他的玩具们都陶醉在其中。我看着看着，情不自禁地鼓起掌来。音乐悄然停止，我又回到了现实的世界里……”请问谁来给我评价？

生1：你写的《芭蕾舞者》，感觉像是一个梦。

生：是的，因为这并不是真实的世界，就是我心里梦想的美好世界。

生2：你的文章真好，但是我觉得还有一个地方需要修改，就是“她转得像龙卷风一样快”，如果把“龙卷风”改成另一个词语就会更好一些。

生：我会采纳你的建议的。还有谁给我提意见？

生3：我觉得你写的这篇小散文特别富有诗意，我很喜欢。

生4：你写得非常优美，写出了洋娃娃热爱舞蹈，幸福地跳舞。

生：我写的不是洋娃娃，是一位优秀的芭蕾舞者。

师：“龙卷风”我也觉得换一个词的话会更好一些。“芭蕾舞”给人的感觉是优美、高雅，而“龙卷风”给我们的感觉是凶猛可怕。你有没有想过换成其他的词语呢？

生：我目前还没有好的想法呢。

师：没事，你先回到位置上好好想一想。我们大家也帮她想一想。好，接下来谁来展示？

生(展示)：听着音乐，我想到了琴声，一阵悦耳的琴声传了出来，多么美妙，多么舒服。花儿听了忍不住为琴声伴舞，小草听了也陶醉其中。一阵风吹来了，它也爱上这动听的琴声。风吹响了树上的风铃，叮叮当当，多么清脆悦耳，多么和谐悠扬。动物们全被吸引来了。这是一场无可述说的音乐会。琴也有它的感情，它一会讲述它的难过，一会述说它的快乐，这些全是用音乐来告诉我们的。在你难过时，琴声可以给你安慰；在你开心时，琴声可以给你祝福。多么美妙的琴声！请问哪位同学愿意给我评价？

生1：你笔下的琴活过来了！

生：对，我就是用拟人的手法，把它写活过来了。

生2：你把琴声的悠扬动听写出来了，是多么的舒服。

生：琴在我的印象中就是这样，这样的美妙，这样的舒服。

师：这种美妙，她感受到了，你也感受到了。

生3：你写的文章有好多好词好句，让我身临其境。

生：对的！在我写这篇文章的时候，我都会忍不住进入到琴声里。

师：琴也有感情，万物皆有情。接下来，我们来欣赏，下一位同学的文章。

生：每个天真无邪的孩子，心中都有一个童话，它可能只是一棵小苗，发芽；也可能是一棵大树，死去。童话里都是美好的。“妈妈，童话里的故事都是骗人的”。孩子哭着对妈妈说，“不！它虽然不是现实，但是它可以在你的心中活起来。”妈妈说。爱哭的玫瑰也遇见了，闪闪玻璃鞋也邂逅了，谁能说童话不是美好的呢？雨停了，月亮出来了，孩子们入睡了，一切都是那样静，那样的静……谁对我的诗有评价？

生1：我觉得你写的诗富有童真童趣。

生：我对你的回答很满意，你应该也是富有童心童趣的孩子。

生2：这个应该就是你小时候经历过的事情。写得那么清楚，而且引人联想，进入这篇文章，想起自己的生活。

师：听了音乐，让你们现在都生活在童话里啦。你看，小树、小草也活过来了，死去的树也活过来了啊！

生3：是的。童话是美好的，现实有时是残酷的。我觉得她写得非常梦幻，有童真童趣。

师：很好。孩子们都可以来展示。洪德程小朋友来展示一下吧。他的题目叫《一生》，他现在才是童年哦，让我们看一下他怎么感悟人生的。

生：《一生》，听着优美的音乐，我想到蒲公英从种子到发芽、开花、结果，这是它的一生，有始有终，有挫折也有幸运，花不可能不开，人也不可能不长大。花开了终会落，人年轻了也不可能不衰老。人也是这样，一生四个瓶。婴儿的奶瓶，少年的汽水瓶，成年的酒瓶，老年的输液瓶。人生如此短暂，有失望也有希望，为何不掌握这一分一秒？啊！人生，你多么灿烂，你多么短暂。你有始有终，过去是昨天，无法再来一次，以后是明天，你无法判断，只有掌握现在，人生如河流！（掌声响起）

生1：我觉得你把蒲公英的一生和人的一生都写得那么细致。

生：对，我就是想表达这样的意思。

生2：我觉得你还想让我们知道要珍惜一分一秒的时间。

生：对，我写这篇文章就是要人们珍惜现在，不要浪费时间。时间就像河流，你无法挽回过去,也无法判断未来。

生3:日月如梭,我们要珍惜现在。黑发不知勤学早,白首方悔读书迟。

生:你评价得很好,提醒我们一定要好好学习,不能以后白头的时候才反悔,那时候已经晚了。

师:以后我的课你来上吧,你对生活感悟得太深刻了,真是个小哲学家。我发现我们班还有好多同学,写得非常好。看看时间,还有四分钟。苑柏雨小朋友写的是《自立》,请他来展示一下,但是他不想上,他没有勇气怎么办?来点掌声,我相信你的勇气,因为你写的题目是《自立》,你们相信他能自立吗?那你们再送点掌声给他吧。(小男孩走到讲台上展示自己的文章,掌声响起)

师:男子汉,虽然个子小了一点,但是我觉得他很有底气,你们听听,他的声音多洪亮!

生:《自立》,听完音乐,我的脑海里仿佛出现了三棵大树。在左边的是我的爸爸,在右边的是我的妈妈,在中间的是我。在父母的眼里,我永远是一个小孩子,所以他们时刻牵挂、呵护我,不敢放手让我去尝试,去探险,使我永远像一个长不大的孩子。现在我不要时刻的牵挂和呵护,我现在可以独立了。父母总有一天会离开我们,所以我要自立!(掌声响起)

师:请同学给你评价。

生1:"现在我不要时刻的牵挂和呵护,我现在可以独立了。"写出了自己渴望独立的心。你对我的评价满意吗?

生:我对你的评价是满意的,我也是这么想的。

师:少一点牵挂,多一份努力。用自己的努力来回报自己的父母。

生2:我觉得你说的很对,人总要经过一段坎坷的路,不能总享受着平坦幸福,永远做个小小孩,要学会自己长大。

师:我们的课上到这里,老师想再问一下张子涵小朋友,刚才那个"龙卷风"你想到用什么词来换了吗?

生:还没想到。

师:有没有哪位同学帮她想一想?

生 1：像春姑娘在翩翩起舞，真美。这样改可以吗？

生：可是，我是要突出舞得快，春风不够快。

生 2：我觉得那个“龙卷风”应该改成像一只飞旋的蝴蝶。

师：不错，芭蕾舞者就像美丽的花蝴蝶一样。还有不同的改法吗？

生 3：我觉得把“龙卷风”改成“旋风”比较好。

师：“旋风”还有一种“炫”的感觉对吧？我们大家都喜欢“炫风”，把优美的舞姿炫一炫对吗？好，今天郑老师最想炫一个孩子的文章，你们猜猜是谁？（掌声响起来）师请一位同学上台展示。

生：《住满星星的家》，住满星星的家里，你可以跟星星作伴。我仿佛看到那么美丽的世界，我仿佛听到柳树在梳头的声音，我仿佛看到了五彩缤纷的世界，有一座住着星星的房子，小动物为它喝彩，小花为它盛开。这是一个多么美丽的世界呀，还有我们以前用过的那些文具。（这是一个多动症加感统失调的孩子写的文章，他的心里居然是像童话般的美好，真的令人欣慰！）

师：“还有我们以前用过的那些文具”，也在这住满星星的家里。乐乐小朋友，你觉得我们班是不是一个住满星星的家？（是的）你是一颗星，你是一颗星，你也是一颗星，我们都住在五(5)班这个大家庭里。同学们，你们是不是陶醉了？给他掌声吧！（孩子们和听课的老师都感动得鼓掌）

师：时间只剩下两分钟了，还有好多同学没有展示对不对？郑老师想给你们一个展示的机会，但是这个机会必须由你自己把握。请小朋友们拿着自己的作品，到下面听课的老师面前去，请他们点评你的文章。只有两分钟哦。孩子们，让我们轻轻地、慢慢地伴着优美的音乐，鼓足勇气，向老师们走去吧。孩子们，你们看，校长在招手了，还有好多老师也在招手呢。加油吧，孩子们。（同学们拿着作品与台下的老师们交流讨论）

七、二度修改创作

两分钟后，老师要求孩子们根据老师和同学给出的建议，课后进行二度修改。课堂教学结束，孩子们伴着音乐轻轻地离开。

陈继英老师点评

尊敬的各位领导、尊敬的各位老师，今天非常荣幸来到我们新洲小学，和在座的各位老师、新洲小学的领导，还有来自全国的语文专家，我们坐在这里共同探讨童心作文教学的话题，我非常高兴。

一、情满心田：刚才听了郑老师的这一节课，我有很多的想法，也有很多的感动。郑老师她非常执着地热爱语文教学。这一点令我非常感动，郑老师的人就如同她的课，小桥流水，静静的美。她有着优美、悦耳动听的声音，缓缓地留在我们心间，但是她内心所涌动的，却是对语文教学、对孩子们、对作文的这种深情，所以我听完这个课以后，自己心里感到非常触动。

二、以生为本：童心作文，我感到这个概念提的非常有意义，老师们都知道了，孩子们写作文是比较为难的事，一提作文，孩子们往往都会先是嚷，不知道怎么写，但是考虑这个问题，我们始终没有找到有效的解决方案，怎么解决这个问题，我一直也在想，我认为应该考虑的就是作文究竟是怎么发生的？人的写作，他应该是从哪里开始的，所以郑老师提出这个童心作文，就紧紧地扣在人为什么要写作这个问题上。写作的冲动来源于童心，人的心情激动了，他就想表达，人的心里有了感觉，他也想说出来，人的心里碰到了一些事情啊，解决不了，他就要找到解决的方案，童心恰恰是抓住了人应该怎么写出东西来，为什么要写东西，从这个角度来考虑问题，这就是抓住了作文的根本，所以我认为童心作文一定会有相当大的发展前途。

三、轻静创作：郑老师从童心作文出发，将童心和童绘结合到一起，不仅仅如此，还把音乐融合到作文当中，这就叫音乐绘画心灵写作，融合到一起，来激发孩子们的想象力，挖掘他们心灵深处的体验，通过体验，孩子们写出了异彩纷呈的作文，孩子们在短短的 25 分钟时间写出了那么多题材各异、精彩纷呈的作文还真的不容易啊。有的写春天的乐曲，有的写一生，还有写父母的爱等等，都非常好。作文如何走进孩子们的心灵，这就非常重要。而郑老师抓住了作文的根本，郑老师上课，她的话不多，声音也不是很有煽情性。她是一种小桥流水式的教学，引发孩子们静静的思考，孩子们在课上也不是一种喧闹的状态，我们现在的课改，好多地方孩子们课堂上都非常热闹，互相展示，你争我抢，整个课堂都是一种欢腾雀跃的场面，但是在郑老师的课堂上，是静静的场面，整个课堂的声音是轻轻的，孩子们发言的时候吐音非常清楚，表达流畅。老师和同学的交流也没有障碍，为什么作文应该是轻轻的、静静的？在这个过程当中就是让我们好好思考。大家可以想象得出，人在写作的时候，有没有欢腾雀跃。有！我们知道郭沫若写诗歌的时候，他写这个土地，写到他回到祖国的时候，他是躺在大地上打滚，然后写。但是这种情况是非常少的，如果是写自己心灵体验的时候，写自己美妙的想象的时候，我想，多数人在写作之前应该是静静的、轻轻的、悄悄的，所以，正如徐志摩的《再别康桥》，它也是轻轻的、悄悄的。今天这个课堂的氛围，还有郑老师对于课堂的拿捏有度，非常不容易，孩子和老师的年龄差距差别很大，孩子们所想到的，孩子们的心灵世界，老师有的时候是难以揣摩的。而今天的课上，郑老师把握得很准。

四、教学有法：郑老师不愧是特级教师，也不愧是孩子研究的专家，在教学方面她把握得非常有度，课堂能够静下来，让孩子们在静中出彩，在静中写出自己心灵的声音，这确确实实值得我们好好地研究。我想我们的课堂如何提升孩子写作文的情趣兴趣，是至关重要的！通过一节课、两节课、三节课，我们让孩子爱上作文，爱上语文，爱上人生，这绝对是我们语文教师的骄傲！有人说，我们语文课堂的价值有多大？通过郑老师这一节课，我们可以看到，老师的作用，其实是非常非常之大的，如果没有老师这节课的引导，没有老师这么精心设计的教学环节，设计作文课程，单纯让孩子们一直自己摸索，他的作文依然是在黑暗中，在自己的糊涂中摸索着。但经过这样的事件，我们的孩子看到了春天，看到了自己作文的进步，同时，能够长期喜欢上作文，我们真的是功德无量！谢谢郑老师，谢谢同学们，谢谢大家！

课例 2:

小草　灯　熊猫

——童心即兴连词编童话

执教：郑冬梅

师：孩子们，来到绿洲小学心情紧张吗？

生：紧张。

师：紧张啊？刚才我们已经到操场去运动了一下，放松了一下，还紧张吗？其实，绿洲小学和新洲小学是手拉手学校。我们来到这里，应该开心才对。让我们一起深呼吸，放松，然后我们要开始上课了。

师：大家都知道，我们每一个人的心里都有一个离奇而美妙的童话故事，那么我们今天上的课就是——创编童话。但是，难度非常大，是现场作文。现在郑老师想让后面听课的老师随意提出三个不同类型的事物，每提一个你们都要认真倾听，然后写在你们的信纸上，老师就不再板书到白板上了。孩子们做好准备。请后面的老师配合一下，我随意把话筒递到您的面前，你就说出一个事物的词。

听课老师1：小草。

李总编：灯。

赵校长：熊猫。（听完生顿时笑了）

师："熊猫、小草、灯"这三类事物，它们的属性、特点是什么，好好想一想。好，现在老师给你们一首曲子的时间，想一想这三者之间会发生一件怎样的童话故事？然后，在你这张信纸的右下角用简笔画把这个故事画下来。好，现在开始！

（播放音乐三分钟）

师：好，一首曲子放完了。小朋友们，你们看一下，刚才我们是用图画来表达，把自己的故事用简笔画画出来，接下来你们看看郑老师大屏幕上的要求，想一想：

1. 这三个事物之间会发生什么童话故事呢？

2. 故事发生的起因、经过、结果怎样？

3. 故事的主人公会怎么想？怎么说？怎么做？

4. 故事想告诉别人一个什么道理？

5. 你想给童话故事拟一个什么题目？

6. 怎样展开大胆的想象，用拟人和夸张的手法把这个童话故事写出来呢？

师：郑老师有时间限制，20分钟。现在我看时间，看哪个小朋友能挑战成功，好，开始！

（习作时间20分钟）

师：好，写完的小朋友举手。好多同学都写完了，还剩下小部分同学没有收尾，抓紧时间。

师：写完的同学再举一次手，不错，再等一分钟。写完了的请小声读一遍，然后同桌之间或者四人小组交换看一看。

师：好了，孩子们，我们看过来。非常感谢我们的老师能耐心地等待孩子们静静地把文章写完。现在写完的小朋友再举一下手，基本上写完了。不错！郑老师刚才看了一下孩子们写的文章题目，你们先说一下你写的题目是什么？

生：《小草和熊猫聚会》

生：《友谊的力量》

生：《熊猫点灯》

生：《半夜的对话》

生：《熊猫的生日》

生：《熊猫的世界》

生：《夜望小草》

生：《熊猫旅行记》

生：《熊猫的灯》

生：《怕黑的小草》

生：《熊猫的新家》

生：《路灯的话》

生：《熊猫和灯》

生：《小草与大熊猫》

生：《熊猫的启示》

生：《熊猫的小草》

生：《熊猫和小草》

生：《寻找光的熊猫》

生：《幸福快乐的灯》

生：《熊猫的愿望》

生：《不爱吃竹子的熊猫》

生：《熊猫奔跑记》

生：《熊猫逃跑记》

……

师：我听了一下，有两个孩子的题目，一个是“逃跑”，一个是“奔跑”，其他小朋友的题目都是不一样的。好，我来看一看，你们写的内容是怎样的呢？我刚看了一下杨子来的文章，现在请她来展示一下她的文章，其他人可以对她的文章进行评价。

杨子来：朗读自己的文章《修灯》。

师：谁给她的这篇文章点评一下。

生：我对她的文章那一句“修灯还不如修心”有很深的印象，修灯只是把灯的生命重新救过来，但是修心是把灯和小草的心又默默地粘起来，让它们不再失去对方。

师：给她一点掌声，你觉得她点评得怎么样？

生：我觉得她说得对。修灯只是让它的外表发出光彩，而修心是让它的内在发出光彩。

生：修外表是短暂的，而心却是永恒的。

（掌声响起）

生：他说得很好，外表不重要，重要的是内在。

生：灯再明亮也会有老化昏暗的时候，而心的明亮却是永恒的。

师：还有谁想点评？

生：杨子来写的这篇文章有一句话让我印象深刻，就是“失去的东西已经不能再回来了，比起痛苦地活在阴暗里还不如振作起来。”人也是一样的，失去的东西不能再挽回了，但是你不能因为失去它而活在痛苦里，而放弃了自己。

（掌声响起）

生：《熊猫点灯》，谁对我的文章点评一下？

生：做人要有自信才能成功。

生：没错，这就是做人的道理。

生：路边的这盏灯不仅点亮了路，还点亮了他人的心。

师：郑老师还是第一次知道小路长了眼睛，童话世界真的是非常奇妙。还有谁来评价？

生：坚持和自信是生命中的永恒。

师："坚持和自信是生命中的永恒。"你们不感动，我都感动了。

（掌声响起）

师：让我们再给一个同学展示，这是不一样的文体。

生：朗读自己的文章《注定不孤单》。

师：最后一句"我从不孤独"写得真好，谁来评价？

生：我认为"我从不孤独"可以更具体一点。

生：谢谢，我会采纳你的意见。

生：友谊永远都是永恒的，怎么切都切不断。

生：她写的文章比《小王子》写得更有关爱一些。

师：看来是看懂了《小王子》，又提升了，更有关爱一点，掌声送给她。

（掌声响起）

生：朗读自己的文章《做好自己》。

（读完后，掌声响起）

师：谁来点评？

生：这篇文章给我们带来一个道理：美丽不在于外表，在于心。

生：告诉我们外表不重要，重要的是内心，只要内心纯洁，再丑陋的外表也是无需去辩解的。

生：我想到一个道理：如果一个人只看外表，而内心不纯洁，也是不好的。如果一个人内心纯洁，那么每个人都会跟你交朋友。

师：郑老师最感动的是最后一句话：我们每一个人都是不完美的，我们每一个人都应该去努力、完善自己，做一个更好的自己。对不对？好，这节课我们就上到这里，下课。

修灯

在一个废弃的小屋子里，有一盏漂亮的灯，灯一个人非常孤独地住在黑乎乎的小房子里，小屋子经过几年旧得已经长满了小草，小草喜欢这一台灯，因为灯不仅给了他温暖，还是自己倾吐诉说的对象，灯每天都给小草照明，每天都给小草光明。渐渐的，灯不再有以前的亮丽和光彩，灯累了，需要休息了，也慢慢地褪色，褪暗，老去，小草很伤心，它还不能独立，不能失去这个亲密无间的朋友。白天，天晴朗了，可小草的心依旧下着雨，夜晚，天暗了下来，小草的心也阴暗了，在这个无边无际的世界里，小草小而脆弱。

过了几天，小草知道了失去的东西已经不能回来了，比起痛苦地活在阴影里，还不如振作起来，珍惜生活每一滴每一秒的拥有与美好，于是，小草决定请熊猫大夫来给灯添上美丽的色彩，而熊猫大夫摇摇头说："比起修灯，还不如修心！"小草猛然间醒悟了，漂亮的灯伙伴已老去，自己的面容也已老去，可心却依然年轻着，发着光彩。虽然灯不在了，可灯的记忆永恒地住在小草的心中。

［新洲小学六(5)班　杨子来］

注定不孤独

有一个小小的星球，它不是圆的，不是方的，形状就像一盏台灯。

这个台灯不大不小，不胖不瘦，刚好就是熊猫喜欢的形状。这片星球，只属于它一个人。它有吃不完的山珍海味，用不完的奇珍异宝，可它还是不开心，直到有一天，地上长出了一根小草……

小草一出生，就一直在哭泣，这可让熊猫心疼坏了，它皱了皱眉头，问小草："你为什么哭啊？""这里只有我一根草，我没有朋友，真的好孤独啊！"小草边说，边用手去抹脸上的泪痕。"从今天起，我就是你的好朋友了！"小熊猫边说边用手去摸小草的头……

从那天起，小熊猫每天都在小草身上打滚儿，虽然它经常把小草压得喘不过气儿，但这并不能妨碍它们的友谊。

它们在一起的每一天，都那么快乐，充实而自由……

炸弹的来临杀了它们个措手不及，这两个生来就是好朋友的人，就这样，去另一个世界做另一对好朋友了。

有生之年，我还要跟你做好朋友……

我，从不孤独。

［新洲小学六(5)班　王钇霏］

做好自己

在一片茂密的大森林中，住着一只熊猫，他的脸上黑一块，身体黑一块，大家都嘲笑它长得丑，他渐渐地对自己身上的花纹感到自卑。

这天下午，阳光洒满大地，蓝天白云互相嬉戏，别的小动物都到草坪上玩去了，只剩他孤零零一个人，郁闷地想心事。为什么我的脸上身体上会有这么难看的花纹呢？怎样才能除掉？熊猫十分苦恼。“再这样下去，我都没脸见人了”他喃喃自语，有些愤怒地踢了踢双脚。“哎哟！你踢疼我了。”哦！原来是小草。“对不起，我不小心踢疼了你，你还好吧？”熊猫说道，还挠了挠头。小草扶了扶自己的腰，一脸皱着眉头说：“看我这老腰，都快断了！没事没事，下次注意点就好。从你的心情看来，是遇到苦恼了吧？”熊猫再也忍不住，哭哭啼啼地把恼事一股劲说了出来。“哎呀，这点小事就值得让你的眼泪流下，还是不是男子汉了？其实人啊，都会有不足之处，并不是十全十美。你看灯，他又小又难看，但他不会感到自卑，而是用劳动来告诉别人，自己虽然不好看，但却很能干。所以说，一个人外表再怎么丑，只要你帮助他人，不记仇，总会有人找你当朋友。如果你又丑又懒，肯定没人乐意与你做朋友。记住了吗，你真该好好向电灯学习！”小草的话给熊猫带来了自信，他明白该怎么做了！

长得丑无所谓，但更应该不断追求自己，完善自己！

［新洲小学六(5)班　吴尚滢］

灯下屋里大熊猫

一只肥肥壮壮的大熊猫已经好几天没找到吃的了，他变得骨瘦如柴，一直哀嚎着：“这么大片森林，一根竹子都没有！”谁让他好吃懒做，食物都不找。一个雨过天晴的下午，小雨珠从叶子上一滴滴落下来。大熊猫在杂草丛生的森林深处竟然发现了一间屋子。屋子的墙爬满了藤蔓，屋顶落满了枯叶，仿佛这栋平房已多年没人打理。但门前却挂满了彩色的 LED 灯，不断闪烁着彩色的光芒，似乎在说：“进来吧，这里能让你欢乐无穷。”

大熊猫闻到了屋内淡淡的竹香，他很想冲进去美餐一顿，但他听附近的小草说这里是让人堕落的地方，这里是猎人猎物的地方。

“管他三七二十一!”他撞开木门，发现里面爬满了蜘蛛，斑驳的黑点布满墙上。但里面堆积着有树林四分之一的竹子，大熊猫惊喜万分，抓起一根竹子就吃，甜美的汁液流了出来。

一天，一周，一个月……大熊猫总想着吃竹子，足不出户，存量逐渐少了，他也不管。

一个狂风暴雨的日子，狂风和无数的雨点怒吼着向房子袭来，房子要塌了。

“有个地下室!”他惊慌地走进地下室，“嘭嘭”响起一阵急促的脚步声。

“啊!”大熊猫突然被一个网捉起来，他使劲抓着网，咬网，也无济于事。

“嘻嘻”，一个阴险的声音传来。

“一只大熊猫，赚大发了……”

［新洲小学六(5)班　陈城瀚］

课例 3

《金胡子和红毛衣》绘本读写

——童心绘本读写作文课堂实录

执教：郑冬梅

一、导入新课

师：同学们喜欢读书吗？你们读过哪些书呢？说说书名。

生：《三国演义》、《红楼梦》、《水浒传》、《假如给我三天光明》、《鲁宾逊漂流记》、《呼兰河传》……

师：看来我们的孩子特别喜欢读书，读书的面也很广，而且特别喜欢经典名著。那么，你们读过绘本吗？读过哪些绘本呢？

生：《爷爷一定有办法》、《牙齿大街的新鲜事》、《猜猜我有多爱你》。

师：上完课后，你们也猜猜我有多爱你们，好吗？

师：那我们开始上课啦，同学们请看绘本的封面图。

（出示《金胡子和红毛衣》绘本的封面图，激发学生阅读的兴趣）

师：你看到了什么？有什么问题？

生：我看见了一件大红衣；我看见了一只猫；我看见老奶奶编着辫子；我知道故事的名字叫《金胡子和红毛衣》。（请学生板书，出示课题）

师：同学们看看图片，有没有什么问题呢？

生：那是一位老奶奶，为什么还有金胡子呢？

师：好！我们抓住这位同学的问题，老奶奶怎么会长金胡子呢？这到底是一个怎样神奇的故事呢？我们接着看，在看之前，老师也有三个问题，我们一起来读一下这三个问题。（课件出示思考题，学生带着问题观察图画，图文结合，读懂绘本的内容）

问题：（1）老奶奶给谁织了毛衣？他们喜欢吗？为什么？

（2）老奶奶怎样给自己织毛衣的？

（3）太阳公公怎样看老奶奶织毛衣的？

（4）老奶奶把什么织到毛衣里去了？

（5）你觉得绘本里两个主人公：老奶奶和太阳公公有哪些特点？

（6）你喜欢绘本里的哪些写作手法？

二、初读绘本，整体感知。

师：带着这三个问题，记到心里，我们来读绘本。（出示课件）

师引读，请同学续读。

师：记得那个问题吗？老奶奶给谁织毛衣？

生：我看见了老奶奶给阿姨织了红背心，给小妹织了红裙子，给小弟织了红围巾。

师：他们喜欢吗？

生：他们不喜欢，因为他们觉得红色不流行。

师继续读绘本上的文段。

师：老奶奶是怎样织毛衣的？你感觉老奶奶怎样？老奶奶织毛衣的时候心情怎么样？她悠然自得地织毛衣，把谁吸引来了呢？

生读绘本上的文段。

师：从太阳公公的脸上你们看出了什么？看出了他此时此刻心情怎么样？

生：看到了他的金胡子。

生：看出了他很开心。

生：看出了他很好奇。

师再读绘本上的文段读。

三、小组合作探究

师：孩子们，你们观察这一幅画，太阳公公和老奶奶他们的一段对话，我们在小组里面讨论一下，他们是怎样对话，把他们的神态、动作、语言都融入进来。

（一开始几乎没有一个孩子举手，老师再点拨，终于有两个孩子回答，但是对话很简单，很浅显。表情也不太到位。）

老师引导学生进行角色表演。老师即兴点评。

师：现在我们来真实地感受一下，同学们可以征得其他同学的同意，然后拉住他一根头发，扯一扯，揪一揪，看看他的表情。

生：龇牙咧嘴地说："哎呦，好疼啊！"

生：同桌的表情很痛苦，眉毛紧皱着，嘴撅着还发出"嚅"声，倒吸了一口气。

生：她疼得闭上眼睛，嘴里"哇哇"地叫。

师：同学们一定要会察言观色，要会观察图片中人物的神态、动作、表情等。

师范读绘本中的文段。生齐读绘本中的文段。

师：下雨了，这是怎么一回事啊？

生：是太阳公公疼到哭了。

师：对，这眼泪如注变成了倾盆大雨啊。

师续读绘本中的文段。

师：看太阳公公这时候的表情，他一只眼睛眯着，一只眼睛瞪得圆圆的，嘴巴变成了“O”型了。

回顾三个问题：老奶奶把什么织到毛衣里去了？作者把太阳公公的光芒比作什么？你喜欢太阳公公吗？为什么？

生：老奶奶把太阳公公的金胡子织到毛衣里去了。作者把太阳公公的光芒比作金胡子。我喜欢太阳公公，因为他很可爱，像个小孩子。他怕疼，还爱哭。

师：这件毛衣还织进去了什么呢？

生：织进去太阳公公的宽容。

生：织进去老奶奶的快乐。

生：织进去老奶奶和太阳公公的友谊。

师：喜欢老奶奶的有没有呢？

生：我喜欢老奶奶的宽容。

生：我喜欢老奶奶的朴实。

师：你喜欢绘本里的哪些写作手法？

生：比喻。我喜欢作者把太阳公公的光芒比作金胡子，很形象，很慈祥。

生：拟人。作者把太阳公公当成人来写，让人感觉很亲切，很温暖。

生：夸张。太阳公公一哭，眼泪就变成了倾盆大雨，很夸张，但也很形象。

四、想象创作

回顾图片，老奶奶还织进去了什么？

生：老奶奶还织进去了童心。

生：老奶奶还织进去了好奇心。

师：太阳公公这么有好奇心，他还会到哪去？他还会遇见谁？他还会做什么事？结果会怎样？让我们展开想象，创编一个童话故事或者观察“太阳公公的胡子被织进毛衣里”的情景，写一个片段。

学生构思，在纸张右下角画出故事图或者情景图。然后配上文字，创编童话故事。

（播放乐曲）

学生进行十分钟创作。

十三分钟后，学生展示，其他同学评价。

学生1：太阳公公又来到老奶奶的旁边，他仔细地欣赏着，他是多么的认真啊，而老奶奶也非常安详。忽然，“哎呦”一声，原来是太阳公公的胡子又被老奶奶织进去了，太阳公公嘟囔着嘴，一边说：“老奶奶，你又把我的胡子织进去了，快还给我。”一边疼得嗷嗷叫，嘴巴成了O型，可是老奶奶有点耳背，没有听见，继续织毛衣。太阳公公着急地大声嚷嚷说：“老奶奶，快把胡子还给我呀，我要回家了。”老奶奶没有听见，继续织呀织呀。太阳公公的胡子都快要被织完了，眼看天快黑了，太阳公公急着回家就用力一扯，把胡子给扯断了，皱着眉头，忍着疼痛，灰溜溜地回家了。

学生2：太阳公公来到一个小湖边，他飘到湖面上，忽然看到一个长相和自己一样的太阳，他同样有眼睛，同样有嘴巴。太阳公公看了被吓了一大跳，惊讶地说：“你，你怎么长得和我一模一样？”湖里的太阳公公好像也在说话：“你，你怎么长得和我一模一样？”太阳公公又吓了一大跳，看样子还吓得不轻，他嘴巴张得老大老大的，眼睛注视着湖面上的自己，湖里的那个太阳公公的嘴巴也张得很大，眼睛也瞪着湖面上的太阳公公。一只小兔子跳了出来，一脸奇怪地说：“太阳公公，你为什么这么惊讶？”“因为湖里有和我一样的自己。”太阳公公说。小兔子大笑说：“哈哈，那是你的倒影。”“原来是这样。”太阳公公也笑了。

学生3：一天，太阳公公正在漫无目的地散步，突然听到一群人说：“最近开了一家兔子动物园，我们一起去看看吧。”太阳公公听了，他的好奇心又被挑动了起来，也准备去看看。第二天，太阳公公来到动物园，他看到许多的兔子，有白色的，有灰色的，有红眼睛的。这时，太阳公公看到了一只刚出世的小兔子，便好奇地凑了过去，刚出世的小兔子，小小的，毛白白的，眼睛红红的，还眯着缝呢。太阳公公见了小兔子，小兔子也看见了太阳公公，它看见太阳公公的金胡须，便忍不住拔了些放进自己的嘴里，太阳公公疼得龇牙咧嘴，想把胡须扯出来，但看到小兔子吃得津津有味，他于心不忍，便任由小兔子胡来。一天天过去了，小兔子一天天长大，太阳公公的胡须也一天天变少了，小兔子长大后，成了兔子动物园里第一只金兔子。当太阳公公看到大家争先恐后地围在金兔子身边时，他欣慰地点点头，因为这里面有他金胡须的功劳呀！

师：你们知道吗？童话故事就是这么神奇，很多同学都写完了，老师很吃惊。把你们写的收起来给老师，让老师记住你们的这颗童心，好吗？猜猜我有多爱你，此时此刻，老师只想说一个字——“棒”，你们太棒了。

五、课后作业

1. 把《金胡子和红毛衣》和你自己的童话故事讲给父母听。
2. 阅读中国童话绘本。

绘本读写课上的童心绽放

——听特级教师郑冬梅《金胡子和红毛衣》有感

江苏省如皋市九华镇九华小学　毛建萍

五月十二日有幸聆听了特级教师郑冬梅的“赏图读文，写画结合”的绘本读写课，有身临其境之感，真是众妙毕绝啊！课堂上启发巧妙，无粉饰之患，让听课教师们心悦诚服，耳目一新。

郑特根据孩子的特点选择了《金胡子和红毛衣》童话绘本，充满童趣，图文并茂。主要内容是老奶奶织了红背心给阿姨，织了红裙子送小妹，织了红围巾让小弟弟围上，还准备给自己织件红毛衣。太阳公公趴在窗口好奇地看着，一不小心让自己的几根金胡须飘进了窗子里，哎呀，金胡子被老奶奶的绒线针勾住啦！太阳公公急得又拉又扯，可老奶奶还在专心织呀织，太阳公公的胡子被扯断了，痛得他哇哇大哭。红毛衣织好了，金光闪闪，漂亮极了。老奶奶穿着刚织好的红毛衣去赶集，大家都夸老奶奶漂亮。这是学生学习语言，发展想象力的好范本。

在教学过程中郑特设计了四个环节：创设情境，导入绘本内容；读文读图，理解绘本内容；观察图画，赏析句子，补白说话训练；图文并茂，写一个童话故事。这种具有情景性和趣味性的训练，激发了学生的表达愿望和创作热情。尤其，郑特在读文读图，理解绘本内容这一环节教学时，学生们的表达热情和思维想象被郑特灵机巧设调动起来啦！

郑特课前并没有和学生接触(哪像我们自己每次上公开，课都要磨多次。如果是赛课，课前至少要接触孩子十分钟哟。)她本想让学生产生一种新奇感，阅读兴趣会高些，表达欲望会浓些，可是事与愿违，也许学生紧张的原因，加之显示屏出了点问题，图中太阳公公的金胡子被老奶奶编织进毛衣太阳公公疼的样子不怎么清晰，造成学生想象思维打不开，听课老师正在下面干着急时，郑特却不急不慢地设计一环节："孩子们，你们之间经过对方允许拽一下头发，扯下一根头发，注意观察哟！"然后让学生表达刚才观察的表情，听到的语言。学生的思维一下子被打开啦，表达自如精彩。只听到郑特轻声自语："好，打开啦！"从郑特自言自语中发现，这一环节不是郑特原先教学设计过的，而是顺应学情，机动调整，让童心得以绽放！真是机智！

还有一处。郑特设计了在让孩子们编写童话故事前，也模仿绘本《金胡子和红毛衣》一样，在 A4 纸上绘画出所要编的故事人物，咦！她利用绘画让学生立马产生自信，发现自己还会画画；利用绘画消除怕写的心理，激发了他们的写作兴趣；利用绘画提高学生想象、创新能力，理清思路，使写作更为有条理；利用绘画提升学生的意境美感，真是"文中有画，画中有文"啊！总之，郑特利用绘画让孩子们的童心又一次绽放！

郑特发挥了教师的主导作用，采用看、读、猜、说、写结合的方式，激发学生的阅读兴趣、说话热情和写的兴致，课堂教学精彩连连，使全体学生都能有效参与课堂学习和活动，始终处于积极的学习状态。

瞧，孩子们在优美轻松的乐曲中专注绘写着。十分钟内绝大多数孩子完成了童话创作，个个争先恐后地要把自己的作品展示给大家。

令听课老师佩服不已的是郑特的个人素养，是她的丰富的知识底蕴，是她很强的语言亲和力，是她清晰、精要的语言表达……真不愧是国家级骨干教师！

听完课的老师们，心是充实的，饱满的，就像也穿上了那件金灿灿的红毛衣(五月十二日这天下雨，气温不高，有点冷的感觉哟)。红彤彤的线团、亮闪闪的金胡子、郑特的课堂教学机智，共同编织成了一件让大家都拍手"真漂亮！还闪金光呢！"的红毛衣，也为孩子们编织了一个温暖的梦！孩子们的童心在这堂课上尽情绽放啦！

第六章　课堂，多彩的画卷

课堂就像一幅多姿多彩的画卷。课堂蕴含着丰富多彩的内容，书香四溢，博大精深，还蕴含着多姿多彩的活动，表现多元，活泼灵动，深藏着浓厚的艺术价值。宽语文设计多姿多彩的语文综合性学习活动，激越课堂，激发学生的兴趣，让每一个学生都积极主动参与到活动中，感受活动的过程，收获活动的感悟，在习得知识的过程中，提高学生的活动力、实践力，提升语文素养。

课堂蕴含着丰富多彩的内容，书香四溢，博大精深，还蕴含着多姿多彩的活动，表现多元，活泼灵动，深藏着浓厚的艺术价值。多媒体技术的出现，优美动听的音乐，美轮美奂的画面，形象生动的影视动画，尤其是3D打印等高科技走进课堂之后，课堂变得更加唯美、润泽、灵动，给人耳目一新、赏心悦目的感觉。

课堂就像一幅多姿多彩的画卷。我们知道，语文是综合性和实践性很强的学科。宽语文课堂把语文知识与实践活动有机整合，深入社会生活，了解社会，感受生活，思考人生，在丰富多彩的游戏和主题活动中，通过“做、演、唱、画、写、辩”等形式，让学生在做中学，在玩中学。正如陶行知先生指出：“教育必须是生活的。一切教育必须通过生活才生效。”、“没有生活做中心的教育是死教育。没有生活做中心的学校是死学校。没有生活做中心的书本是死书本。”、“生活即教育”、“社会即学校”、“教学做合一”，强调在实践中教，在实践中学，教学不能脱离实践。这就是生活教育的方法论。我们设计多姿多彩的语文综合性学习活动，激越课堂，激发学生的兴趣，让每一个学生都积极主动参与到活动中，感受活动的过程，收获活动的感悟，在习得知识的过程中，培养学生自主探究，团结合作，勇于创新的精神，提高学生的活动力、实践力，提升学生的语文素养。

一、找春天综合性学习

人教版一年级下册语文课本中的第一组课文有这些文章：《柳树醒了》、《春雨的色彩》、《邓小平爷爷植树》、《古诗两首》，第一单元有个找春天的综合性学习。我将课文的学习，读春天、吟春天和找春天、画春天、唱春天、种春天、说春天、写春天、演春天等有机整合到一起。先让孩子们到公园里去找春天，张妍莹小朋友戴着美丽的花环，站在喇叭花丛中，轻轻地闭着双眼，陶醉地吮吸着花儿的芬芳，她仿佛就是那美丽动人的花仙子、春姑娘。陈楠小朋友把脸凑近花朵，尽情地品尝着大红花蕊里的甘露，她说："原来花儿是甜的。"何伊娜小朋友调皮地站到一个小水塘的石头上，看着塘里小花小草的倒影，她说："我发现了小水塘里的春天。"杨雨萱小朋友在路边蹲下来观察一朵兰花，她说："小路边也有春天。"孩子们找春天的画面也是春天里一道靓丽的风景。接着，我引导孩子们学习课文，读描写春天的课文《柳树醒了》，了解春天里柳树发芽了，细长的柳条轻轻拂拭水面，就像姑娘的长发一样摇曳多姿。我还引导孩子们想象《春雨的色彩》，春雨洒在桃花上，桃花红了，春雨是红色的；春雨洒在草地上，小草绿了，春雨是绿色的；春雨洒在油菜花上，油菜花黄了，春雨是黄色的……我还让孩子吟诵系列描写春天的古诗，例如《村居》、《春晓》，还让孩子们唱《春晓》，唱《春天在哪里》、《春雨沙沙》等歌曲。再接着，我让孩子们把自己观察到的春天的美景和阅读中留在记忆里的春天的美景画下来，有的孩子画了春风和煦、青山绿水、鸟语花香，有的孩子画了五彩斑斓的舞蝶伴着快乐的音符翩翩起舞，有的孩子画了杨柳依依，小溪欢快，小鸭嬉戏，这正是"春江水暖鸭先知"，还有的孩子画了自由快乐的鸟儿朝着太阳飞去……然后，我让孩子们种春天，孩子在杯子里种豆子，在花盆里种花、种蔬菜，水栽植物等，在院子里种小树，每天观察植物的生长情况，写观察日记，还把自己种的植物带到班里分享，说说自己种植物的体验和感受，说说自己对春天的印象。再然后，我让孩子们把自己在春天里的所读、所做、所见、所闻、所思、所感写下来。胡炳文小朋友写了《找春天》：春天在芒果树上，树上开满了一串串浅黄色的芒果花。春天在桑树上，树上结满了毛茸茸的桑果。小鸟把春天背回北方去了。池恩妮小朋友写的《春天来了》：今天下午，爸爸妈妈带我和弟弟去园博园找春天，一进园博园，我就听到小鸟唧唧喳喳地叫，好像在唱歌。各种鲜花都盛开了，有红的、黄的、紫的……真是好看极了！池塘里的小蝌蚪挺着圆圆的肚子成群结队地游来游去。啊，春天来了！最后，我还引导孩子们表演春天的情景剧，让孩子们沉浸在春天的气息里，调动所有的感官，用心地感受和体验春天的美，让自己也成为春天里阳光快乐的儿童，成为春天里最美的一道风景。

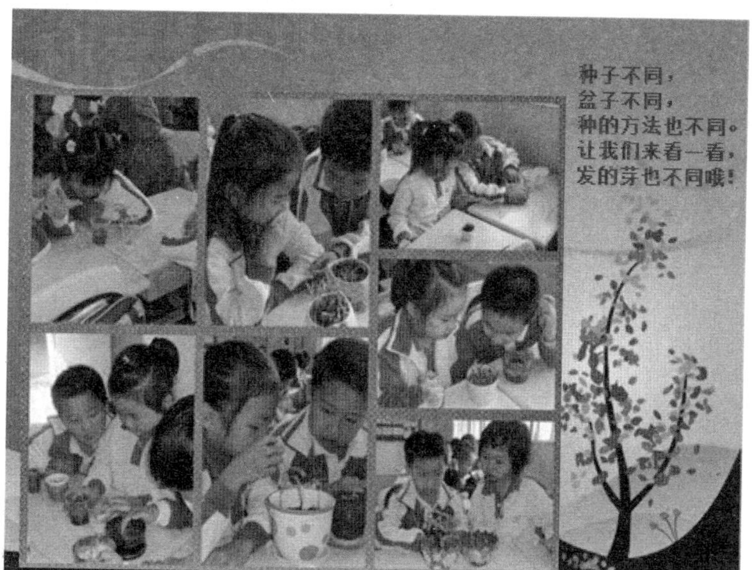
种子不同，
盆子不同，
种的方法也不同。
让我们来看一看，
发的芽也不同哦！

上台和同学讲讲我的种豆子经
验，是不是和你的不一样呢？
自信大声的演讲，即使那么多
双眼睛看着我一点也不紧张！
我相信我是最棒的！

二、小兔子旅行记综合性学习

买两只特点比较突出的兔子，让班里的孩子们轮流饲养，每人养一天，仔细观察兔子的外形特点和生活习性，还可以给兔子设计一些有意思的活动，然后把饲养的过程和感受，以图文并茂的形式记录下来。每天在班上和同学们一起分享饲养兔子的感受。孩子们都很喜欢小兔子，这个活动引起孩子们的极大兴趣，他们都争先恐后地饲养小兔子，视小兔子为宝贝，对小兔子小心翼翼地呵护，生怕小兔子饿着，渴着，伤着……小兔子旅行记综合性学习活动，不仅让每一个孩子都亲历了饲养兔子的过程，观察了兔子的外形，了解了兔子的生活习性，还可以向其他的同学请教养兔子的经验，分享养兔子的快乐。小兔子在班里每一个孩子的家里旅行了一遍，经历了许多"惊心动魄"的事情。通过养兔子，孩子们不仅学会了观察和写作，还学会了关心小动物，照顾小动物，有效地培养了孩子们的爱心。下面是孩子们的部分作品。

跑进我家的小兔子

我们五(5)班来了两只可爱的"吉祥物"——两只可爱的小兔子。一只一身雪白的皮毛，微胖，取名为"雪糕"。另一只则毛色淡灰，较瘦，取名为"巧克力"。每天由一名同学把小兔子带回家里饲养，这样便形成了全班养兔子接力赛。

今天终于轮到我来照料它们了。下课后，我高兴地把兔笼提回家，一到家，我并没有急着把他们从笼子里放出来，而是把兔笼放到了阳台上，往饮水器里倒了些水，再给他们添了一把小青菜，就去写作业了。吃完饭后，我们便把“巧克力”和“雪糕”从笼子里放了出来，想让它们活动活动，没想却惹了大祸。两只小兔子一出笼就东奔西窜，一下子就无影无踪。我们十分着急，便去找，东看看西瞧瞧，可是连个影儿都没有，像是人间蒸发了一样，最后才发现他们俩十分有心计，不约而同地钻到了床底下，虽说床底下能伸手拽，可是他们躲到了床的最里边，我们的手够不着，试了几次都抓不到它们，这回我们没了辙，只好在外面等着俩“活宝”出来。可是十分钟过去了，还没有出来，却闻到了一股刺鼻的尿骚味。哦！原来是兔子把床底当成了理想的厕所。上完了厕所，他们便大摇大摆地窜了出来，我们赶紧关上门，我和弟弟开始“捉兔”大战。只见俩“活宝”身手敏捷，各种躲闪，我和弟弟频频扑空，最后弟弟抓住了“巧克力”的两只后腿，我抓住了“蛋糕”的耳朵。爸妈被我们的尖叫声和囧样逗得笑到肚子疼。最后妈妈建议我们和兔子拍照留念，捉兔大战就以拍照而步入尾声。

当晚我们和妈妈一起清理房间里的“天然厕所”，费了不少功夫，才弄干净。我和弟弟一边清理，还一边说笑不停地分享着刚才大战中的战况。原来兔子到我家，全家乐呵呵。

［新洲小学五(5)班　邓明程］

萌兔日记

盼呀盼，两只可爱的小兔子终于来到我家了。一只白色的叫雪糕，灰色的叫巧克力。雪糕背上有一个字母“I”，它们都特别可爱！可是没过多久我就要去上课了，真是有点不舍呢！

下午放学回到家，看到家里没人，有点害怕，可是一转眼看见两只萌萌的小兔子，又有点儿窃喜。我拿出冰箱里的胡萝卜解冻，让它没有那么冰，然后用菜刀切成长小条形，才给小兔子吃，可别让小兔子拉肚子了。一转眼，我又听到小兔子因为没水喝而发出的声音，我直对它们发笑，感觉很有意思。你知道吗？兔子吃饭的时候会发出“CiCiCi”的声音，我觉得是兔子在打喷嚏呢！就这样，我静静地听两只兔子啃胡萝卜，吃饭，喝水的声音，听着听着，还感觉很悦耳，就不感觉寂寞和害怕了。小兔子吃完就用前爪洗脸，它们非常讲究卫生。

晚上，我又拿出胡萝卜给他俩吃，看着它们这样打打闹闹，我忍不住发笑。它们睡觉时依偎在一起，真是难分难舍的好“兄弟”呀！等他们睡觉了，我才赶紧把它们的粪便清理干净，毕竟小兔子爱干净。

明天就要把兔子还回班级了，还有一点不舍得呢！

［新洲小学五(5)班　隋其睿］

萌♡兔♡旅♡行♡记

2016.12.5　周一

左期右盼，终于到我们家来了。中午一只浩浩荡荡的队伍向我家驶来，还带了两只“小国王”，妈妈吓了一跳，但马上恢复笑容，“呦，我们家来了小客人！”小客人毛茸茸的，两个眼睛黑亮亮的，眼睛周围是棕色的，牙齿不大很长，较尖，咬起来生疼疼的，最奇怪的要属于那名副其实的三瓣嘴，客人的嘴缝是竖着红红的，越往外越浅，耳朵有脆弱的血管，而且睡觉时把耳朵垂下来，我想它们应该在保护自己。

小客人是谁呢？我不说你也知道，小客人——兔子。

灰色的兔子叫巧克力，蓬松的毛加上小巧的身姿，让老妈爱不释手，喜笑颜开，成功地博得妈妈的宠爱，妈妈紧抱着它，用最温暖的体温来让巧克力驱寒取暖，它享受得微微眯起眼来，舒适地卧在妈妈的怀里，向我得意的一笑，连我都嫉妒了。

白色的兔子叫雪糕，这名字真符合它，雪白的绒毛，唯一特别的是它屁股上有一个i字，雪糕很贪吃，每一次都第一个抢到我给的水果萝卜，脆脆地消灭，它有一点自私哦！但常常能让我开怀大笑，雪糕真是萌翻了。

真是萌化了我的心～

杨子easy

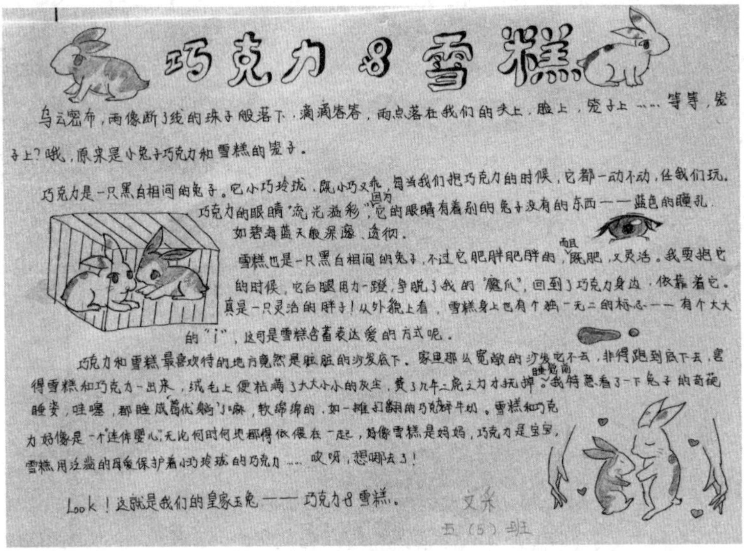

巧克力&雪糕

乌云密布，雨像断了线的珠子般落下，滴滴答答，雨点落在我们的头上，脸上，笼子上……等等，笼子上？哦，原来是小兔子巧克力和雪糕的笼子。

巧克力是一只黑白相间的兔子。它小巧玲珑，既小巧又乖，每当我们抱巧克力的时候，它都一动不动，任我们玩。巧克力的眼睛“流光溢彩”，因为它的眼睛有着别的兔子没有的东西——蓝色的瞳孔，如碧海蓝天般深邃、透彻。

雪糕也是一只黑白相间的兔子，不过它肥胖肥胖的，而且既肥，又灵活。我要抱它的时候，它后腿用力一蹬，挣脱了我的“魔爪”，回到了巧克力身边，依靠着它。真是一只灵活的胖子！从外貌上看，雪糕身上也有个独一无二的标志——有个大大的“i”，这可是雪糕含蓄表达爱的方式呢。

巧克力和雪糕最喜欢待的地方竟然是脏脏的沙发底下。家里那么宽敞的沙发它不去，非得跑到底下去，害得雪糕和巧克力一出来，绒毛上便粘满了大大小小的灰尘，费了九牛二虎之力才抚掉。睡觉前我特意看了一下兔子的奇葩睡姿，哇塞，都睡成“葛优躺”了嘛，软绵绵的，如一摊打翻的巧克力牛奶。雪糕和巧克力好像是一个“连体婴儿”，无论何时何地都得依偎在一起，好像雪糕是妈妈，巧克力是宝宝，雪糕用泛滥的母爱保护着小巧玲珑的巧克力……哎呀，想哪去了！

Look！这就是我们的皇家玉兔——巧克力&雪糕。

文乐

五（5）班

三、传统节日与民俗风情综合性学习

民族的才是世界的。可是，我们的孩子往往最感兴趣的是吃肯德基、麦当劳等洋餐，尤其是过生日的时候最喜欢去。孩子们往往还喜欢过圣诞节、万圣节、愚人节等洋节日，而对中国传统的春节、元宵节、中秋节、端午节、重阳节、清明节等节日不太关注，对中国传统的一些二十四节气，还有婚姻习俗、饮酒习俗等生活习俗就更陌生了。人教版六年级第二单元就是关于传统节日和民俗风情的内容，通过课文孩子们了解了北京的春节、藏戏、各具特色的民居、和田的维吾尔等传统节日和民俗风情。为了让孩子们更深入地了解自己家乡的民俗风情，我们开展了传统节日和民俗风情综合性学习活动。由于班级里广东潮汕的孩子很多，我们就重点了解潮汕的民俗风情。要求家长利用周六日带孩子到潮汕地区走访，观看，了解潮汕地方文化，悉知潮汕民俗风情，也可以了解自己家乡的民俗风情。除了走访，还要求孩子们上网查阅资料，然后分析、分类、汇总，并把自己的了解和感受写成文章，在班级里分享交流。下面是孩子们写的文章。

擂茶

走在我们潮汕陆丰的大街上，隔三家必看见一家擂茶店，里面每到饭点，你即使在门口也会听见客人“稀溜溜”的喝茶声，不夸张地说，如果你中午在居民区走，家家户户无一例外都打开门拿一根擂棒在钵上擂了，“咕隆咚”地响，如果是关上门的，无疑是在享用美味了。这里有道秘方，让我慢慢道来。

我们潮汕陆丰虽然是擂茶的发源地，但还保留着最原始的做法，用祖传的砵和棍擂捣，把茶叶放置底部，和小许水擂成茶浆，别无技巧，只有擂，据说擂越久越香，越容易使茶叶发出茶香和甘醇，还能去涩，要做出上等的擂茶，最重要的就是这个“擂”字了；接下来加水，然后把生芝麻、七分熟的小花生、薄荷叶、香菜等依次下钵，擂成一小钵混茶浆，加入开水即食。泡上香脆的炒米，小孩子牙好，喜欢炒米下多点，然后大口大口地嚼，“咔咔”的声音在他们嘴中回荡，那干巴巴的炒米也有了擂茶的香和甘醇，变得人见人爱；老人们喜欢软一点的食物，就撒一点米，泡上擂茶拌匀，又软又甜，擂茶都渗入米里去了，也就入了味儿，即使你把这样的炒米拿去暴晒一小时后吃掉，也还是有味儿的。要养生、长高的人，就可以在擂的过程中多撒点花生和芝麻，原汁原味，还能达到营养、美白的作用。

我们的擂茶只有在盛大的庆典上才会有一次全满宴，听爷爷、奶奶说，在他们小时候有一个人考上状元，全村又放炮，又喝酒，足足闹三天，才有真正的擂茶上桌。因为那时很穷，天天喝粥，难得一次擂茶，却什么也没有，只有茶。所以那几盆配菜才叫配菜，有虾、肉、油菜、青菜、鸡肉丁……还有至少十几种野生的植物。吃到大家肚子塞不下，才慢慢抚着肚子回家，第二天嘴里还全是味儿。至于为什么做得那么奢侈，是为了让小孩更加努力读书吧！

有擂茶香的家，才是一个完美的家！

［新洲小学六(5)班　洪德程］

潮剧

潮剧，是我老家广东潮汕的主要特色。我还是个 3 岁幼儿时，就看到奶奶一直盯着电视机看，电视中的人物咿咿呀呀地叫，真无趣，还没有我喜欢的动画片好看。不过，奶奶倒听得很津津有味。

直到多年以后，我才知道那叫潮剧，那咿咿呀呀的语言是我老家的方言。不过，我至今还不明白奶奶为什么喜欢那脸花白花黑的演员呢？过年了，我回到了老家，家家户户到处张灯结彩，贴春联、挂灯笼，红红火火。不仅看到这些，我还看到村村镇镇都精心布置起一个个舞台，这是为什么呢？唯一能知道的就是台上将会有表演，具体是什么表演，我不知道。

晚上，表演就开始了，我被伙伴拉去了舞台，原来那里在表演潮剧啊。红色的背景，复古的道具和人物形象，这就是潮剧。潮剧就是由潮州话把古代故事演绎出来，人们不用脸谱遮住脸，而是直接在脸上化浓妆，根本看不出谁是谁了。更有趣的是，待情节上演到高潮，后台的乐队便演奏起激昂的小曲，待情节哀伤时，又默默拉起二胡，与前面的钹锣声截然不同，而在前台演习的演员则唱起台词，那腔调尖锐有力，这非常考验唱者的喉咙，若十天八天下来，嗓子早已沙哑，发不出声来了。如果你懂潮州话，那剧中的笑点也会惹你仰天大笑。

有些老人热衷于潮剧，爱那情节，爱那舞台，也爱那腔调。我见过一位老人和自己的宝贝孙女开始争起电视机，老人想看潮剧，而女孩想看动画片，我看到这一幕，心里默默想笑，更有趣的是，为了不再起争执，她们规划了某一段时间由谁来“主宰”电视机。

潮剧是潮汕的主要文化之一，那咿咿呀呀的叫声，现在回想起来倒是别有韵味。

［新洲小学六(5)班　王炜彬］

四、社会生活调查综合性学习

语文是综合性和实践性很强的课程。宽语文强调搭建两大支柱，一是生活，一是阅读，强调在生活实践和活动中学习语文，运用语文，强调语用语文，提倡“做中学”、“玩中学”、“读中学”。不能让孩子们关起门来读死书，成为高分低能儿童。书到用时方恨少，没有历练，没有实践永远出不来真知。社会是一所大学，每一个人在这所大学里都要学会从社会现象和生活现象中去思考分析，总结规律，透视哲理，生成智慧。人教版语文五年级下册的第六单元就是让学生学习写简单的研究报告。我们利用写研究报告的形式进行社会生活的调查研究。孩子们根据自己感兴趣的社会生活现象和问题，以小组为单位，通过走访、问卷、上网查资料、记录、分析、总结等方式，撰写了关于近视、肥胖、食品、环境、交通等方面的不少研究报告。下面这份关于近视的调查报告是吴尚滢小朋友小组做的。

关于近视的调查报告

提出问题：

目前中小学生的近视率很高，戴眼镜的学生越来越多。造成中小学生近视的主要原因是什么呢？怎样预防近视呢？针对这些问题，我们进行了相关的调查。

调查方法：

1. 对朋友和同学进行采访。

2. 上网查资料。

调查分析：

1. 近视的现状

经过采访班上的同学，我们了解到，班上近视人数为 15 人，占 30%，最高度数为 400 度，已有 6 人配戴眼镜。经过上网查阅资料，我们了解到，全国小学生近视率达 22.78%，初中生为 55.22%，高中生为 70.34%，大学生为 76.74%。目前我国现有近视患者已超过三亿人，占世界近视人数的 33%。眼睛是心灵的窗户，预防近视，保护眼睛，已经是刻不容缓的事情。

2. 近视的原因

经过调查，我们发现中小学生近视的主要原因是没有正确用眼的习惯，平时不注意用眼卫生，对近视没有引起重视，没有保护视力，呵护双眼的意识。具体体现在以下几个方面：

(1) 长时间玩手机游戏或上网玩游戏。

(2) 看电视的时间过长，距离太近，或电视画面的浓度过深。

(3) 学习压力大，长时间写作业，眼睛没有得到适当的休息，或者写字姿势不正确，离书面距离太短。

(4) 在太强或太弱的光线下学习。

(5) 走路看书，或者坐车看书。

(6) 没有做眼保健操的习惯。

(7) 不合理的饮食习惯。

(8) 遗传因素导致近视。

3. 近视带来的不便

(1) 近视给学习带来许多不便。看不清老师的板书，长时间写作业会出现视线模糊，头晕，重影点现象，严重影响学习效率。

(2) 近视给生活和运动带来许多不便。炒菜的时候，油会喷到眼镜上，挡住了视线，也弄脏了眼镜，还要时不时停下来擦干净；当好朋友约你去游泳时，你只能坐在旁边看，如果下水，脱了眼镜，就会看不见前面是哪里，戴着眼镜游泳，眼镜会掉到水里；早上起床时要看闹钟需要摸索着戴上眼镜才可以看清楚；打网球或篮球时,因为鼻子上架着眼镜而无法轻松地跳跃,一跳就会导致眼镜落地,但若是不戴眼镜,就看不清对方是谁,而引发比赛失败,自己还很有可能受伤;当小伙伴们约你去玩的时候,在奔跑和游戏时,都会因为你戴着眼镜行动不方便,而丧失了玩的兴致。

4. 怎样预防近视

(1) 不要让眼睛过度疲劳,不能用手机、电脑时间过长,最好每隔一小时让眼睛适当休息一下,到窗前眺望绿色的植物,这样可以缓解一下眼睛的压力,可以很好地保护好眼睛。

(2) 看电视的时候,最好要选择适合的位置和距离,离电视的位置太偏容易引起眼睛的不适,时间久了还会斜视,距离也不要太近或太远,这个就要看电视的尺寸多大来定。

(3) 看书、写字时坐姿要端正,胸离课桌一拳,眼睛离课本一尺,读写的时间不能太久。光线也要适宜,太亮会刺激双眼,太暗也容易伤害到眼睛。

(4) 不要坐车或行走的时候看书,不要躺着看书。读写 1 小时要远眺 10 分钟或到户外走动,看看绿色的植物,调节眼睛肌肉。

(5) 尽可能少上网或看其他辐射性强的东西。注意作息时间的安排,不能让眼睛长期处于疲劳状态。经常做眼保健操,正确的眼保健操可以保护好我们的眼睛,可以对眼睛周围的穴位进行按摩,让眼睛得到放松,但是在眼保健操之前最好双手清洗干净,以防细菌感染,这样也可以保护眼睛。

(6) 保证睡眠,平衡饮食,不偏食,少吃辣的食品,多吃含维生素 C 和维生素 A、D 的食物。例如动物肝脏、肾脏、牛奶、奶油、蛋黄,绿叶菜、胡萝卜和各种新鲜水果等。

(7) 定期到眼科专医检查,听从医师的指导,逐步矫正视力或防止近视度数加深。

调查结果:

通过调查发现,当今的中小学生近视率不断上升,而学生们对近视这一现象并不加以重视。只要有空就盯着手机游戏,或者看电视、电脑,一玩就是整天,没有让眼睛得到充分休息。另外,平时学生的作业量比较大,有些学生写作业拖拉,放学还要到补习班补课，每天晚上都要写到十一点左右，眼睛没有得到很好的休息。家长对孩子视力的态度也是比较漠然，只要考试分数高，近视了也没有什么关系，戴副眼镜或者做个激光就解决问题了。许多人常将近视归结于不良的用眼习惯，如看书距离不当、光太暗、持久用眼等，但近年来的医学研究表明，饮食不均衡、睡眠不足、噪音等，也是诱发青少年近视的重要因素。视力下降直接影响了学生的学习成绩和升学、就业，并对学生的生理、心理造成不同程度的影响。

倡议：

我们倡议：眼睛是心灵的窗户，没有健康的眼睛，心灵也是盲然的，麻木的。因此，我们要注意用眼卫生，保护好自己的眼睛，让每个人都有一双明亮、智慧而美丽的大眼睛，只有这样才能提高我们的学习效率和生活质量，否则会给我们带来许多不便，甚至会影响我们将来考学和就业。

作者：吴尚滢

五、快乐的假期综合性学习

对于学生来说，假期应该是最快乐的时光，但是有许多家长往往很盲目地用补课将孩子的假期给占满了。放假了，但是孩子们每天依然要奔走于各个培训机构，脚步匆匆，忙于补课，语数英，还有各种艺术课程，每一个科目一补就是两个小时，甚至三个小时不等。假期孩子们没有好好休息放松，到了开学时间就会出现倦怠的现象。而且长期给孩子补课，把孩子玩耍和阅读的时间都挤占了，对孩子的学业成绩并没有太多的促进作用，相反还会影响孩子的身心发展，甚至造成孩子的厌学和逆反。宽语文始终把社会探索和阅读放在首位，我们认为，真正的学习不仅仅是在教室里做题，大自然和社会是一本无字的大书，孩子在社会实践中历练成长，在大自然中观察、思考、探究、发现，其实就是最好的学习。因此，每个假期我们的作业就是读书和社会综合实践活动，开展丰富多彩的个性化的快乐假期综合性学习活动。下面是一个学生在假期活动后写的文章。

海边烧烤记

这个暑假我觉得最有趣的事是去海边烧烤。

妈妈先租了一幢海边大别墅，在暑假的一个周末，我们和小姨一家一行8人开始了全家海边之行。到了目的地，我们一个个箭步如飞，都想第一个进入别墅。冲冲冲，如愿以偿，我第一个开门冲进去。客厅正对大门的一面墙是透明玻璃做的落地窗，蓝色的大海即刻映入眼帘。哇，所有人被海景吸引了，过了好几分钟，大家才回过神开始仔细巡游整个楼房。这是一个有着地下一层，楼上两层的独立大别墅。地下还有一个大平台，可以面对着大海烧烤，想起烧烤我就流口水。

我们先开车去南澳镇上买了很多新鲜又便宜的生蚝、扇贝、青口等海鲜，回到别墅放到厨房冰箱。然后我们换好泳衣步行到不远的一个沙滩去游泳。这是一个很小但还算干净而且人不算多的沙滩。海浪把我们吸进去又吐出来，我们就在海水里随波逐流。直到夕阳西下，妈妈说要赶紧回去准备烧烤，我们才恋恋不舍离开。

回到大平台，我们开始分工合作。爸爸负责生火、我和姐姐帮妈妈和小姨洗菜及准备好调料、小姨夫做沙拉、外公外婆负责观看就可以了。准备工作完成，开始烧烤，各种美食陆续出炉，有鸡肉、牛肉、羊肉、各种海鲜、香菇、韭菜、红薯、玉米等。我和姐姐负责把烤好的美食端上，吆喝着大家喝着饮料吃着美食。吃完一轮，有力气了，我也来试试烤香肠。我学着小姨和妈妈的样子，先把锡纸放在烧烤炉上，涂上橄榄油，把新鲜的食物放在锡纸上，一边烧一边把食物翻来翻去，同时涂上各种调味料，太香了。爸爸忍不住张开血盆大口把烤好的香肠吃光了，还两眼放光说我烤得不错。很快烤肠被大家瓜分，都说好吃。我一下信心大增，准备挑战烤鸡翅。妈妈提前腌好了鸡翅，又在旁边教我烧烤秘方，很快，美味的鸡翅也完成了。吃完鸡翅，我开始烤馒头了。一边涂油一边烤，几分钟后馒头变成金黄色，蘸着奶油尝一下，又脆又香又甜，人间美味呀，太好吃了。

吹着海风，看着星星，听着音乐，喝着饮料，吃着烧烤，不知不觉难忘的一晚就过去了。我很喜欢海边烧烤，我很快乐！

[新洲小学五(6)班　蒋云帆]

第七章　课堂，让生命到场

教育要直面生命，提升生命质量，凸显对生命的关怀，让生命到场。宽语文课堂的特点是开放、整合、灵动、创新。宽语文课堂以宽广的内容，宽松的环境和形式，宽容的心态和评价，让生命到场，入心、走心，道法自然、浑然天成。在对生命的解读和诠释的过程当中，允许每一个生命用自己的语言，去描述自己对生命的理解和对生命的思考。

苏霍姆林斯基说:“理想的教育是培养真正的人,让每一个从自己手里培养出来的人都能幸福地度过一生。这是教育应该追求的恒久性、终极性价值。”读完《汤普森夫人与她的学生泰迪》这个故事之后,深深地感受到爱的力量是伟大的。故事中“就从那一天起,她不再研究怎样教阅读、写作和算术,而是研究怎样教育孩子们。”这句话告诉我们,教育的本质就是研究“人”,培养人的问题。教育就要以人为本,直面人的生命,提升人的生命质量,凸显对人的生命关怀,让人的生命到场。

宽语文教育努力打造基于生命生长的语文课堂,让师生的生命到场,在语文学习的过程中注重“人”的心灵润泽和生命滋养,做到工具性和人文性的统一。

宽语文课堂的特点是开放、整合、灵动、创新。宽语文课堂以宽广的内容,宽松的环境和形式,宽容的心态和评价,让生命到场,入心、走心,道法自然、浑然天成。下面以《生命生命》一课为例具体谈谈。

本课教学采取 1 + 3 拓展阅读的模式。一篇课文《生命生命》,加上视频散文《感悟生命的绿色》、汪国真的诗歌、邓仲祥的美文《热爱生命》和歌曲《怒放的生命》。美文、散文诗歌、歌曲融为一体,从不同的文体和形式,去诠释生命的意义。学习内容宽广,丰富多彩。给学生提供更多的不同角度的、对生命诠释的信息,充分调动学生的所有感官以及思维,去检索信息,了解生命的现象,用自己的阅读经验和人生体验,去理解生命,诠释生命的意义。

在对生命的解读和诠释的过程当中,始终保持宽容的心态,允许每一个生命,以自己独特的姿态存在,更允许每一个生命用自己的语言,去描述自己对生命的理解和对生命的思考。每一个生命都是独一无二的,就像每一片树叶都不同一样。宽松的课堂环境,灵动的课堂形式,让心灵放飞,生命舒展。宽容的教学心态和评价,让每一个生命都自信勇敢地发出自己的声音,绽放出自己独特的精彩。

一、把语文的命根留住

没有根哪来的命！语文的根是什么？听说读写思，语言文字的理解和运用。无论你使了什么招，用了什么花拳绣腿，再怎么天马行空，融会贯通，也得把语文的命根留住。学习语言，发展思维，建构思想，丰富情感，提升生命。这就是语文的命根。在《生命生命》一课的学习过程中，我始终坚持让学生透过文本，从了解生命的现象入手，去感悟生命的本质和意义。例如，从飞蛾在手中的挣扎、鼓动、跃动的生命现象，去感悟飞蛾强烈的求生欲望；从瓜苗冲破坚硬的外壳，从没有泥土的瓦砾堆里，不屈向上茁壮成长的生命现象中，去感悟它顽强的生命力；从心脏沉稳而有规律的跳动的现象中，去感悟到一种对自己生命的责任。

以“生命是什么？”这个问题作为引子，引导学生进行语言表达训练。

生：生命是瓜苗的不屈向上，茁壮成长。

师：透过这个生命的现象，你感悟到了什么？

生：我感悟到了瓜苗顽强的生命力。

这不仅是语言文字内容和形式的逻辑训练，更是一种思维和思想的训练。培养学生透过现象看本质的良好思维习惯，做生活的有心人，用心眼去看世界。

二、让生命到场

在课堂中我们常常会看到许多眼睛是茫然的，许多心灵是木然的。身已到场，可是生命却没有到场。注意力无法集中，心和魂都游离于场外。如何让每一个生命到场？

拼盘式丰富多彩的内容，这种视野宽、角度大、多维而丰满的信息量，变式课堂教学的形式让课堂宽广起来，流动起来，就像一个琳琅满目的超市。不一样的信息刺激每一个生命，让每一个生命都能找到自己，同频率、同步调，可以引起共鸣的因素，思维的刺激，心灵的共振，会激活麻木的神经，跃动茫然的生命，让每一个生命在课堂里觉醒、觉知、顿悟、提升。

在本课的教学中，大量的文字、音像、影像、歌曲等不同形式的语言和文化形式，给孩子的大脑以及心灵最强烈的冲击，让他们的思想活跃起来，想象发散出去，心灵变得更加敏感而睿智。孩子们根据自己的实际需求，眼睛的聚焦点，心灵的兴奋点或感动点，去选择这个大拼盘里最适合自己的精神美食，而且，在变式流动的教学形式的刺激下，学生的思想可以始终保持新鲜和活跃。学生在这样的思想活跃，心灵兴奋的状态下学习，效果是最好的，效率也是最高的。

三、让思维生长

生命是什么？生命的意义在于什么？怎样珍惜生命？这三个问题贯穿整节课的学习，层层递进、步步深入，从生命的现象、状态，揭示生命的真谛。提出问题的不仅是老师，还有学生。从课文的最后一段，对生命的思考，让学生发散出去，根据自己的思考提出问题。学生从字面上提出了几个问题：怎样才能让有限的生命体现出无限的价值？怎样让生命不要白白流失？怎样让生命更加光彩有力？怎样珍惜生命？根据学生提出来的零散的问题。我引导学生梳理，变成两个关键的问题。生命的意义在于什么？怎样珍惜生命？往往在理解生命的意义时，孩子们习惯以咏唱高调的口吻，说出一些富丽堂皇的，官方的口号。例如我们要好好学习，为人民服务。这些都是日积月累里名人的生命意义的概括。对于四年级的小学生而言，怎样让他们从现实的、平凡而细微的生活细节里去感悟生命的意义，从而去珍爱自己的生命。这就是教学的难点。为了突破这个难点。我把孩子们平时生活的一些场景拍摄下来，做成 ppt 课件，播放给学生看，引导孩子们再现生活场景。从细节的生活场景当中去透视生命的意义。例如母亲节我下厨；我来打扫房间；班干部竞选；打针很痛，但我不哭；运动场上团结合作喊加油；用废品做成环保的时装秀；我 8 岁，但我出书了；把书捐给山区的孩子；找春天；种小树；扶受伤的同学下楼等等生活场景。孩子们从这些生活场景之中，通过小组讨论交流碰撞，感悟到生命的意义，在于感恩孝敬父母；在于到大自然中去发现美，感受美；在于挑战自己；在于帮助；在于给予；在于创造；更在于好好地活着。孩子们的感悟是如此自然、鲜活而富有个性。让每一个生命都到场，让每一个生命都发出属于自己的声音。孩子们的思维就像芦苇一样生长,思维的触角,变得更加敏锐,思考力变得更加犀利,感受力变得更加敏捷,让孩子们都有一颗善感,善思的心。

四、让生命怒放

孩子们正处花季，生命充满了好奇遐想、大胆的冒险和创新，但是我们的课堂有太多的清规戒律，我们的语文教学也有太多的模式、抄写、填词，离开具体语境的单一的重复抄写、做题，在茫茫的题海中遨游，学生的题感是提高了，但是语感却没有提高，听说读写能力没有得到根本的落实。

长此以往，语文学习的主要形式是记忆，但没有更多宽松和宽容的、富有创新力的、适合学生综合发展的实践性、参与式的学习形式，让学生的想象力、思考力、审辩力等无法得到充分的发展。

在《生命生命》一课的学习中，在学习了关于生命的大量的信息之后，让孩子们结合自己对生命的感悟，通过写一段话、写诗或图文并茂的形式，描绘自己独特的生命姿态和对生命的真实感悟。孩子们的作品五花八门，充分展现了真实的自我生命样态，着实令人感动，而且不乏深刻的人生哲理。真的不能小看孩子们，一旦他们的心灵被打开，生命就会怒放。有一个很精致的女孩，她画了一道彩虹，还有一个闭着眼睛，神情宁静的小女孩，画面非常唯美。画面旁边写着：张开眼睛，做好自己；闭上眼睛，享受生命的美妙！还有一个不愿意拿麦克风说话的男孩，他画了一个清洁工人，还在画的一角写道：清洁工人的生命似乎是卑微的，但是，他们把洁净给了我们，他的生命也是伟大的。更多的孩子从蚂蚁、小草、小花儿、蝴蝶等微小的事物中，从自己本身的一些生活场景中，去感悟生命的意义，描绘生命的姿态。这一节课，让我们感受到了生命生机勃勃的气息，看到了生命怒放的精彩。

宽语文课堂追求的就是生命到场，生命的灵动和怒放。

后 记

打开生命的盒子

生命就像一个神秘的盒子，盒子里还有许多个小盒子，一个套着一个，最后最小的那个盒子里，装着每一个人生命的意义。生命的盒子从我们一出生就打开了，盒子里充满了神秘、未知和期许，我们在人生的每一个阶段都会打开不同的盒子，从盒子里索取自己所需要的，也往盒子里存入自己觉得最好的、最珍贵的，无论你的生命是长是短，在你生命的最里层的小盒子里，那份弥足珍贵的生命意义就是至真至善至美。生命的盒子是有形的，就像一个花骨朵，一片片花瓣层层叠加，包围着惊艳至美的花蕊。花儿绽放，每打开一片花瓣，都会绽放一片妩媚，一份芬芳，一种意义。当花儿完全盛开，露出娇艳的花蕊，于是美艳绝伦、芬芳四溢，还会引来勤劳的小蜜蜂和翩翩起舞的蝴蝶。花儿的盛开正是生命绽放的绚烂，也是生命至真至美的意义昭示。生命的盒子也是无形的，就像艺术家的灵感，哲学家的思绪，文学家的想象……打开每一个盒子，都是一次遇见，遇见开启那一瞬间的感动和惊世的美丽。用心做钥匙，坚持每天打开生命的盒子，怀抱一份庄严的期许，去探寻生命的奥秘，了解生命的内涵和意义，多年以后，即使芳华落尽，也不辜负每一天、每一份灿烂的生命馈赠。

教育就是打开生命的盒子，让生命的每一个盒子都绽放出绚烂和芬芳，让每一个生命在不同的阶段都活出精彩。泰戈尔说："教育的目的应当是向人传送生命的气息。"一位日本教育家说，我们要培养学生"面对一丛野菊花而怦然心动的情怀"。因此，教育应该从尊重生命开始，不管这个生命是高级的，还是低级的，都有存在的权利，都应该受到尊重。当一个人充满了对小草、小鱼生命的关怀时，对于人的生命，他能不尊重、不敬畏、不珍爱吗？作为教育者，传道、授业、解惑的师者，是有许多具体的工作要做，但更重要的是引导学生打开生命的盒子，让学生探究未知的世界，探索科学的奥秘，激活学生对远大理想的追求和对高远志向的期许，使人性向善，唤起学生身上美好的“善根”，培养学生良好的人格素养和人文情怀，唤醒学生真善美的良知，让每一位学生都能遇到最好的自己。

“宽语文”教育始终“以人为本”，“以学生的终身发展为本”，眼中有人，心中有人，站在儿童的视角，尊重儿童的心理特征和个性特征，在提高学生语文素养的同时，培养学生的健全人格和生命质量。关注每一个生命的差异，尊重每一个生命的个性，用心呵护每一个生命的成长。“宽语文”教育致力于用最温暖的人性，用最丰实的阅读，用最多样的社会实践，去打开每一个生命的盒子，唤醒每一个灵魂的觉知，让每一个生命都绽放自己独特的光彩。“宽语文”教育努力建设“一中心，两支柱，三联系”的理论体系，即以学生的“主动、健康、和谐发展”为中心，搭建“阅读和生活”两大支柱，加强语文与大自然、与社会、与各学科之间的联系，具有“开放、整合、灵动、创新”的特点，有宽广的内容，宽松的形式和环境，宽容的评价，宽厚的文化，除了语言的建构，思维的发展，审美的提升，还关注语文润泽心灵，具有滋养生命的“健心、育心”功能。